Standesamt

- **Originalurkunden**

- **Musterübersetzungen**

Englisch - Deutsch
Deutsch - Englisch

Übersetzungsbüro Dr. Feix . Jahnstraße 23 . D-66125 Saarbrücken
Telefon: 0 68 97 / 7 58 23
Telefax: 0 68 97 / 7 58 22
E-Mail: transl@t-online.de

Standesamt

-Originalurkunden
-Musterübersetzungen

Übersetzungsbüro Dr. Feix
Jahnstraße 23 • D-66125 Saarbrücken

© 2004 · Pirrot Verlag & Druck
Trierer Straße 7· 66125 Saarbrücken-Dudweiler

ISBN 3-930714-58-2 · 3. Auflage

Alle Rechte vorbehalten.
Das Werk einschließlich aller seiner Teile ist urheberrechtlich geschützt. Jede Verwertung außerhalb der engen Grenzen des Urheberrechtsgesetzes ist ohne Zustimmung des Verlages unzulässig und strafbar. Das gilt insbesondere für Vervielfältigungen, Übersetzungen, Mikroverfilmungen und die Einspeicherung und Verarbeitung in elektronischen Systemen.

Printed in Germany

"Tra il dire ed il fare c'è il mare" sagen die Italiener. Nirgends ist die Kluft zwischen Theorie und Praxis so groß wie vielleicht in unserer Branche. In Mitteilungsblättern für Dolmetscher und Übersetzer werden seitenweise Theorien angeboten und Gedanken über das Übersetzen zum Ausdruck gebracht, aber selten eine Übersetzung zur Kritik vorgelegt. Professoren und Dozenten organisieren Proseminare und Seminare zur Theorie der Übersetzung sowie über Maschinelle Übersetzungen. Eine traurige, aber gesicherte Feststellung: Ganz wenige Absolventen der Universitäten sind in der Lage, eine Geburtsurkunde, eine Heiratsurkunde, ein Ehefähigkeitszeugnis oder eine Sterbeurkunde zu übersetzen. Den Test hat der Unterzeichnete bereits gemacht.

Ein Gleichgewicht zwischen Theorie und Praxis ist unbedingt herzustellen. Die übertriebene Aufwertung der Theorie der Übersetzung soll jetzt der Übersetzungspraxis weichen. Wenn Che Guevara mit Überzeugung von seinen Revolutionen behauptet hat, dass "el deber del revolucionario es hacer revoluciones", so ist sicherlich für den Übersetzer festzuhalten, dass "el deber del traductor es hacer traducciones", das heißt, dass Übersetzen nur durch Übersetzen zu lernen ist. Die Übersetzungstheorien sollen ihre Richtigkeit auf dem Prüfstand der Praxis bestätigen. Die von uns hier vorgelegte Arbeit ist das Ergebnis einer zwanzigjährigen Praxis. Seit Beginn unserer Übersetzertätigkeit häuften sich die Übersetzungen von Urkunden und Dokumenten immer mehr, wobei sich verschiedene Kategorien erkennen ließen. Der Unterzeichnete selbst ist vereidigter Übersetzer und Dolmetscher für sechs westeuropäische Sprachen. Im Laufe der Zeit bildeten sich daher bestimmte Schwerpunkte. So hatten wir zum Beispiel bereits ein paar hundert Gesellschaftsverträge Französisch-Deutsch/Deutsch-Französisch bzw. Scheidungen Deutsch-Englisch/Englisch-Deutsch zu übersetzen. Es handelt sich dabei um ein sonst nicht anzutreffendes empirisches Material, das optimal für eine Weiterbearbeitung geeignet ist.

Als erstes natürliches Nebenprodukt unserer Tätigkeit entstand die Erstellung der Terminologielisten, die wir mit enormem Erfolg seit circa 9 Jahren zu günstigen Preisen am Markt vertreiben. Unter anderem bieten wir für das breitere Publikum folgende Terminologien an:

- **Scheidungsterminologie Englisch-Deutsch/Deutsch-Englisch**
- **Scheidungsterminologie Französisch-Deutsch/Deutsch-Französisch**
- **Standesamtsterminologie Englisch-Deutsch/Deutsch-Englisch**
- **Standesamtsterminologie Französisch-Deutsch/Deutsch-Französisch**
- **Standesamtsterminologie Italienisch-Deutsch/Deutsch-Italienisch**
- **Standesamtsterminologie Portugiesisch-Deutsch/Deutsch-Portugiesisch**
- **Standesamtsterminologie Spanisch-Deutsch/Deutsch-Spanisch**
- **Führerscheinterminologie Englisch-Deutsch/Deutsch-Englisch**
- **Fachterminologie Handelsregister und Bilanzen Englisch-Deutsch**
- **Fachterminologie Handelsregister und Bilanzen Französisch-Deutsch**
- **Kontenplan Französisch-Deutsch**

"Warum machen Sie das? Sie machen sich selbst arbeitslos!" Auf diese Einrede verschiedener Kollegen können wir aus einem triftigen Grund gelassen reagieren. Es handelt sich dabei um eine wissenschaftliche Arbeit, die wir in der Lage waren, zu einer "public domain" zu machen. Warum sollten wir das nicht tun? Um die Frage umzudrehen. Nach Auffassung Max Webers ist die Wissenschaft im Gegensatz zur Kunst permanent in Bewegung. Als Michelangelo seine Madonna geschaffen hat, hat er eine Skulptur für die Ewigkeit gemacht. Die Madonna kann von keiner Person dieser Welt besser gemacht werden. Bei der Wissenschaft sieht die Lage anders aus. In dem Moment, wo wir die Ergebnisse unserer Arbeit "public domain" gemacht haben, haben wir uns selbst überwunden und die nächsten Schritte nicht nur für uns, sondern auch für andere, eröffnet bzw. eingeleitet. Und das macht uns Freude. Die Frage, die sich damals bei der Erstellung der Terminologielisten gestellt hatte, stellt sich heute in einer noch brisanteren Form. Warum sollten wir jetzt den Übersetzern in den Übersetzungsbüros fertige Rezepte liefern? Warum sollten wir den Übersetzern für die Übersetzung von Urkunden Deutsch-Englisch/Englisch-Deutsch das Leben so leicht machen? Warum sollten wir unsere gesamten Unterlagen der Wissenschaft in den verschiedenen Instituten zur Verfügung stellen? Die Antwort lautet wie oben: Warum sollten wir das nicht tun? Wir haben es darüber hinaus mit einer Komplementarität zu tun. Die Terminologiearbeiten ergänzen sich in einer harmonischen Art mit den Musterübersetzungen. In der Reihe liegen bereits die folgenden Bücher vor:

- "Standesamtliche Dokumente" Französisch-Deutsch/Deutsch-Französisch
- "Standesamtliche Dokumente" Spanisch-Deutsch/Deutsch-Spanisch
- "Standesamtliche Dokumente" Ital.-Dt./Dt.-Ital., Portug.-Dt./Dt.-Portug.
- "Scheidungen" 3-sprachig (Englisch, Französisch, Spanisch)
- "Abiturzeugnisse, Fachhochschul- und Universitätsabschlüsse" 2-sprachig (Englisch, Französisch)
- "Handelsregister und Bilanzen" 2-sprachig (Englisch, Französisch)
- "Notarielle Urkunden (Testamente, Vollmachten etc.)" Engl.-Dt./Dt.-Engl., Frz.-Dt./Dt.-Fr.

Wir bezeichnen die hier vorgelegten Originaldokumente mit den entsprechenden beeidigten Übersetzungen als standesamtliche Dokumente, in dem Sinne, dass es sich dabei um die Hauptdokumente handelt, die beim Standesamt vorgelegt oder geführt werden. Sonstige notariellen Dokumente bleiben unberücksichtigt, weil dies den gesteckten Rahmen sprengen würde. Aus der beigefügten statistischen Liste lässt sich ersehen, dass wir exemplarisch Dokumente aus fünf Kontinenten ausgewählt haben. Die multikulturelle Gesellschaft erfordert nicht nur Übersetzungen aus Nordamerika und Europa (USA, Deutschland, Großbritannien), sondern auch aus den Ex-Kolonialstaaten Englands bzw. den ehemaligen Commonwealth-Ländern in Afrika und Asien, ganz zu schweigen von Australien. Was die Urkunden aus den USA betrifft, so haben wir dafür Sorge getragen, dass repräsentative Bundesstaaten vertreten sind. Wir haben über fünfzig Dokumente hier zusammengestellt und die entsprechenden Übersetzungen beigefügt: Geburtsurkunden, Ehefähigkeitszeugnisse, Heiratsurkunden und Sterbeurkunden.

Allen, die direkt oder indirekt maßgeblich an der Ausarbeitung dieses Buches mitgewirkt haben, möchte ich hiermit meinen Dank aussprechen. Mein persönlicher Dank geht insbesondere an Frau Diplom-Übersetzerin Nicole Tillmann und an Herrn Derek Wilcox, BA Hons. Modern Languages, die diese Arbeit zuletzt wesentlich mitgestaltet haben. Der Dank erstreckt sich auch auf alle anderen Mitarbeiter, insbesondere auf unsere ausscheidende Frau Hannelore Rummel und alle anderen, die diese Übersetzungen aus dem Deutschen ins Englische und dem Englischen ins Deutsche mit Akribie angefertigt haben.

Dr. Nereu Feix
3. Auflage, Saarbrücken im Sommer 2003

INHALTSVERZEICHNIS

	Seite
EINLEITUNG	4
INHALTSVERZEICHNIS	6
STATISTISCHE DATEN	7

GEBURTSURKUNDEN

E - D

- AUSTRALIEN — 8
- GROSSBRITANNIEN — 10
- GROSSBRITANNIEN (im Ausland) — 12
- GHANA — 14
- KANADA — 16
- PAKISTAN — 18
- SIMBABWE — 20
- USA
  - Alaska — 22
  - Iowa — 26
  - New York — 28
  - Oklahoma — 30
  - USA (im Ausland) 1 — 32
  - USA (im Ausland) 2 — 36

D - E

- NEUNKIRCHEN — 38
- PIRMASENS — 40

EHEFÄHIGKEITSZEUGNISSE

E - D

- ÄTHIOPIEN — 42
- GHANA — 46
- HONG KONG — 50
- INDIEN — 52
- KAMERUN — 54
- MAURITIUS — 56
- NIGERIEN 1 — 58
- NIGERIEN 2 — 60
- PHILIPPINEN — 62
- USA
  - Kentucky — 70
  - Ohio — 72
  - USA (im Ausland) — 74

D - E

- VÖLKLINGEN — 80

EHESCHLIESSUNGSURKUNDEN

E - D

- ÄTHIOPIEN — 82
- GROSSBRITANNIEN — 86
- IRAN — 88
- MAURITIUS — 90
- NIGERIEN 1 — 92
- NIGERIEN 2 — 94
- PAPUA NEU GUINEA — 96
- SESCHELLEN — 104
- USA
  - Florida — 106
  - Minnesota — 110
  - Nevada — 112
  - New York — 114
  - Ohio — 116
  - Pennsylvania — 118
  - Tennessee — 120

D - E

- KAISERSLAUTERN — 122
- MÜNCHEN — 122

STERBEURKUNDEN

E - D

- BELIZE — 126
- SÜDAFRIKA — 128
- USA - Florida — 130

D - E

- BAD BERGZABERN — 134

STATISTISCHE DATEN:

Dokumente	**Anzahl**	
	(E-D)	(D-E)
• Geburtsurkunden	**16**	
	14	2
• Ehefähigkeitszeugnisse	**13**	
	12	1
• Eheschließungsurkunden	**17**	
	15	2
• Sterbeurkunden	**4**	
	3	1

Länder, die vertreten sind:

Afrika
- Äthiopien
- Ghana
- Kamerun
- Mauritius
- Nigeria
- Papua Neu Guinea
- Seschellen
- Simbabwe
- Südafrika

Asien
- Hong Kong
- Indien
- Iran
- Pakistan
- Philippinen

Australien
- Queensland

Amerika
- Belize
- Kanada
- USA
  - Alaska
  - Florida
  - Iowa
  - Kentucky
  - Minnesota
  - Nevada
  - Ohio
  - Oklahoma
  - Pennsylvania
  - Tennessee

Europa
- Deutschland
- Großbritannien

BIRTH

BIRTH in the State of Queensland   No. 68357

Registered by Colin James Green   Registrar-General

Column		
1 Number		89/ 57550
CHILD		
2 Name and surname		Mayo Loch Wittig
3 Sex		Male
4 Date and place of birth		01 May 1989 Boyles Road, Kuranda
PARENTS		
5 Father—name and surname		Gerold Wittig
Occupation		Painter
Age and Birthplace		32 years Schwarzenbach, Saarland, West Germany
6 Issue—living (names and ages)		
Issue—deceased		male female
7 Mother—name and surname		Sybille Irene Loch
Maiden surname		Loch
Age and Birthplace		25 years Hermeskeil, Rheinland Pfalz, West Germany
INFORMANT		
8 Signature, description, and residence		S. Loch, Mother, Boyles Road, Kuranda G. Wittig, Father, Boyles Road, Kuranda
REGISTRAR		
9 Signature		C.J.Green
Date and place of registration		12 May 1989 Brisbane.
10 Name if altered or added after registration of birth		
Marginal notes (if any)		

CAUTION.—Whosoever shall unlawfully alter any Certified Copy of an Entry in any Register of Births, Marriages, or Deaths; ... either by erasure, obliteration, removal, addition, or otherwise, is guilty of a CRIME and liable to the ... chment by law provided in that behalf. (Vide Sectio... :86 and 488 of the "Criminal Code.")

I, Colin James Green,
Registrar-General, certify that the above is a true copy of an entry in a Register kept in the General Registry at Brisbane.

Dated 1 8 MAY 1989

Registrar-General

N.B. Not Valid Unless Bearing the Authorised Seal and Signature of the Registrar-General.

GEBURT

GEBURT im Staate Queensland   Nr. 68357

Eingetragen von Colin James Green   Leiter der Personenstandsbehörde

Spalte: 1. Nummer	89/57550
KIND 2. Vor- und Zuname 3. Geschlecht 4. Datum und Ort der Geburt	 Mayo Loch Wittig männlich 01. Mai 1989 Boyles Road, Kuranda

ELTERN
5. Vater, Vor- und Zuname
   Beruf
   Alter und Geburtsort
6. Nachkommen - lebend
   (Namen und Alter)
 	
   Nachkommen - verstorben
7. Mutter, Vor- und Zuname
   Mädchenname
   Alter und Geburtsort
	
	Gerold Wittig
	Maler
	32 Jahre, Schwarzenbach, Saarland, Bundesrepublik Deutschland
	
	(keine Eintragung)
	
	männlich weiblich
	Sybille Irene Loch
	Loch
	25 Jahre, Hermeskeil, Rheinland Pfalz, Bundesrepublik Deutschland

ANZEIGENDER 8. Unterschrift, Beschreibung und Wohnsitz	S. Loch, Mutter, Boyles Road, Kuranda G. Wittig, Vater, Boyles Road, Kuranda

STANDESBEAMTER
9. Unterschrift
   Datum und
   Eintragungsort
	C. J. Green
	12. Mai 1989
	Brisbane

10. Name, falls nach der Geburtseintragung geändert oder hinzugefügt	(keine Eintragung)
Randvermerke (falls vorhanden)	(keine Eintragung)

Ich, Colin James Green, Leiter der Personenstandsbehörde, bescheinige hiermit, daß das obige Dokument eine wahrheitsgetreue Abschrift eines Eintrags in einem Register ist, das in der Personenstandsbehörde in Brisbane geführt wird.

(Prägesiegel:)
Büro des Leiters
der Personenstandsbehörde

Datum: **18. MAI 1989**

(Unterschrift unleserlich)

Leiter der Personenstandsbehörde

BRISBANE
QUEENSLAND

Anm. Ungültig ohne die Anbringung des amtlichen Siegels und der Unterschrift des Leiters der Personenstandsbehörde.

Randvermerk:

ACHTUNG! Jeder, der unberechtigt eine beglaubigte Abschrift eines Eintrags in einem Geburts-, Heirats- oder Sterberegister ändert, sei es durch Radieren, Unkenntlichmachen, Streichung, Hinzufügung oder auf andere Weise, macht sich einer STRAFTAT schuldig und unterliegt der im Gesetz für diesen Fall vorgesehenen Strafe. (Siehe Artikel 486 und 488 des (australischen) "Strafgesetzbuches")

DO 188316

(Printed by authority of the Registrar General)

B. Cert.
R.B.D.

CERTIFIED COPY of an ENTRY OF BIRTH
Pursuant to the Births and Deaths Registration Act, 1953

The statutory fee for this certificate is 3s. 9d.
Where a search is necessary to find the entry,
a search fee is payable in addition.

Registration District **ETON**.

1965. Birth in the Sub-district of **BURNHAM** in the **COUNTY OF BUCKINGHAM**

Columns:—	1	2	3	4	5	6	7	8	9	10*
No.	When and where born	Name, if any	Sex	Name, and surname of father	Name, surname, and maiden surname of mother	Occupation of father	Signature, description, and residence of informant	When registered	Signature of registrar	Name entered after registration
476	Third July 1965 Canadian Red Cross Memorial Hospital Taplow	▓▓▓	Boy	▓▓▓	▓▓▓ Formerly of 22, Longleat Gardens Boyn Hill, Maidenhead.	Sales Representative	▓▓▓ Mother 22, Longleat Gardens Boyn Hill Maidenhead by declaration dated 2nd August 1965	Third August 1965	L.E.Bruce Deputy Registrar.	

I, Lucy Evelyn Bruce, Deputy , Registrar of Births and Deaths for the Sub-district of **BURNHAM**, in the COUNTY OF BUCKINGHAM
do hereby certify that this is a true copy of the entry No. 476 in the Register of Births for the said Sub-district, and that such Register is now legally in my custody. *See note overleaf.

WITNESS MY HAND this 3rd day of August , 1965 . *L.E.Bruce* Deputy Registrar of Births and Deaths

CAUTION.—Any person who (1) falsifies any of the particulars on this certificate, or (2) uses a falsified certificate as true, knowing it to be false, is liable to prosecution.

A name given to a child (whether in baptism or otherwise) before the expiration of twelve months from the date of registration of its birth, may be inserted in Column 10 of the birth entry under the procedure provided by Section 13 of the Births and Deaths Registration Act, 1953. If the parents or guardians wish to avail themselves of this facility at any time, they must deliver a certificate of baptism or of naming to the registrar or superintendent registrar having the custody of the register in which the birth was registered. This certificate must be in the prescribed form which can be obtained on application to any registrar.

DO 188346

BEGLAUBIGTE ABSCHRIFT einer GEBURTSEINTRAGUNG

(Gedruckt kraft Ermächtigung des Leiters der Personenstandsbehörde)

Geb.urk.
R.B.D.[1]

Die gesetzliche Gebühr für diese Urkunde beträgt 3s. 9d. Sind zum Auffinden des Eintrags Nachforschungen erforderlich, wird eine zusätzliche Nachforschungsgebühr fällig.

gemäß Gesetz über die Eintragung von Geburten und Sterbefällen von 1953

EINTRAGUNGSBEZIRK									
1965	Geburt im Unterbezirk			(Stempel:) BURNHAM		ETON im	(Stempel:) GRAFSCHAFT BUCKINGHAM		
Spalten:	1	2	3	4	5	6	7	8	9	10*
Nr.	Geburtsdatum und -ort	Name, sofern gegeben	Geschlecht	Vor- und Familien- name des Vaters	Vor-, Familien- und Mädchenname der Mutter	Beruf des Vaters	Unterschrift, Beschreibung und Wohnsitz des/der Anzeigenden	Datum der Eintragung	Unterschrift des Standesbeamten	Nachträglich eingetragener Name
476	dritter Juli 1965 Canadian Red Cross Memorial Hospital Taplow		Junge		geb. 22, Longleat Gardens Boyn Hill, Maidenhead	Vertriebsvertreter	Mutter 22, Longleat Gardens Boyn Hill Maidenhead auf Anzeige vom 2. August 1965	dritter August 1965	L.E. Bruce Stellvertretender *Standesbeamter*	/

* Siehe Anmerkung auf der Rückseite.

Ich, Lucy Evelyn Bruce, Stellvertretende Standesbeamtin für den Unterbezirk (Stempel:) BURNHAM, (Stempel:) VERWALTUNGSBEZIRK BUCKINGHAM, bescheinige hiermit, daß es sich bei vorliegender Urkunde um eine treue Abschrift der Eintragung Nr. 476 im Geburtenregister für den genannten Unterbezirk handelt und daß dieses Register rechtmäßig unter meiner Aufsicht steht.

VON MIR UNTERZEICHNET, den 3. August 1965

(Unterschrift:) L. E. Bruce
Stellvertretende *Standesbeamtin*

ACHTUNG: Jede Person, die (1) eine der Angaben auf dieser Urkunde fälscht oder (2) eine gefälschte Urkunde in dem Wissen, daß sie falsch ist, verwendet, wird strafrechtlich verfolgt.

(Rückseite)

Ein Name, der dem Kind (durch Taufe oder auf sonstige Weise) innerhalb von zwölf Monaten ab dem Datum der Eintragung seiner Geburt gegeben wird, kann in Spalte 10 des Eintrags im Geburtenregister gemäß dem Verfahren, das in Artikel 13 des Gesetzes über die Eintragung von Geburten und Sterbefällen von 1953 festgelegt ist, eingetragen werden. Wenn die Eltern oder Erziehungsberechtigten zu irgendeinem Zeitpunkt von dieser Möglichkeit Gebrauch machen möchten, müssen sie dem Standesbeamten oder dem Oberstandesbeamten, der für das Register, in dem die Geburt eingetragen wurde, zuständig ist, einen Taufschein oder eine Bescheinigung über die Namensgebung vorlegen. Diese Urkunde muß auf dem vorgeschriebenen Vordruck ausgestellt werden, der auf Antrag bei jedem Standesamt erhältlich ist.

[1] Anm. d. Übers.: Register für die Eintragung von Geburten und Sterbefällen

"S"

BIRTH within the district of the British Consul-General at Düsseldorf

No.	When and where born (1)	Name (2)	Sex (3)	Name and surname of father (4)	Name and maiden surname of mother (5)	Rank, profession or occupation of father and claim to citizenship of the United Kingdom and Colonies (6)	Signature, description, and residence of informant (7)	When registered (8)	Signature of consular officer (9)
56	Twenty-first February 1973 Royal Air Force Hospital Wegberg		Girl	▮	▮ formerly ▮	Corporal born at Ayr	Letter of 23-12-75 from father of 180 PBOP, RAOC. Westmoors Wimborne Dorset	Sixteenth January 1976	P. F. Wilkie British Vice Consul

I, Michael Julian CARBINE, ~~His Britannic Majesty's~~ Registration Officer at Düsseldorf, do hereby certify that this is a true copy of the entry of the birth of No. 256/BK155A, in the register book of births kept at this Consulate.

Witness my hand and seal, this fifth day of November, 1993.

M J C ~signature~

Nr.	GEBURT innerhalb des Bezirks des Britischen Generalkonsuls zu Düsseldorf								Tragen Sie hier am Rand jegliche Anmerkung ein, die im Originaleintrag erscheint
	Geburtsdatum und -ort	Name	Geschlecht	Vor- und Zuname des Vaters	Name und Mädchenname der Mutter	Rang, Beruf oder Beschäftigung des Vaters und Anspruch auf die Staatsbürgerschaft des Vereinigten Königreichs und der Kolonien	Unterschrift, Beschreibung und Wohnsitz des (der) Anzeigenden	Datum der Eintragung	Unterschrift des Konsularbeamten	
	(1)	(2)	(3)	(4)	(5)	(6)	(7)	(8)	(9)	
256	einundzwanzigster Februar 1973 Royal Air Force Krankenhaus Wegberg		Mädchen		geb.	Corporal geboren in Ayr	Schreiben des Vaters vom 23.12.75 aus 180 PBOP, RAOC. Westmoors Wimborne, Dorset	sechzehnter Januar 1976	P. F. Wilkie Britischer Vizekonsul	"S"

Ich, Michael Julian CARBINE, Urkundsbeamter ~~Ihrer Majestät~~ zu Düsseldorf, bescheinige hiermit, daß es sich bei vorliegender Urkunde um eine treue Abschrift der Eintragung Nr. 256/Bk155A im Geburtenregister, das in diesem Konsulat geführt wird, über die Geburt von ▮ handelt.

Zum Zeugnis dessen versehe ich die vorliegende Urkunde mit meiner Unterschrift und meinem Siegel, am heutigen fünften November 1993.

(Unterschrift)   M J Carbine

02 No. 91710

Certified True Copy Of Entry In Resgister Of Births

No.	Name in full (give Christian name first and Surname)	Sex	FATHER				MOTHER			When born	Where born. Give address, as fully as possible, e.g. number of house name of Street, name of ward or part of the town	Signature in full or Name in full and mark, duly witnessed of informant and relationship, if any to the child	Date of Registration	Signature of Registrar	Margin
			Name	Occupation	Nationality	Religion	Maiden Name	Nationality						
254	████	Male	████	██████	GHANA	—	████	GHANA	23rd August 1972	Korle Bu Hospital, Accra	████	10th June 1972	H.E.A. Nunoo	2013/52 92/374 12-6-9

I, HUDSON EBENEZER AKUFO NUNOO, Registrar of Births for the said District and that the Register is now legally in my custody, witness my hand this 10th day of JUNE 19 72.

I, JACOB BOTWE ISAIC .... Registrar of Birth and Deaths for Ghana do hereby certify that the above Signature is in the handwriting of HUDSON EBENEZER AKUFO NUNOO

Register of Births for NIMA .... in the ACCRA Registration District in Ghana

Given under my hand and seal in Accra in Ghana this 10th day of JUNE 19 72.

Register of Births and Deaths
L.S.

S. D. R. Form 7a

02 Nr. 91710

BEGLAUBIGTE TREUE ABSCHRIFT EINER GEBURTSEINTRAGUNG

Nr.	2514
Vollständiger Name (zuerst Vornamen, dann Familiennamen angeben)	███████████
Geschlecht:	männlich
VATER:	
Name:	███████████
Beruf:	---
Staatsangehörigkeit:	GHANAISCH
Religion:	---
MUTTER	
Mädchenname:	███████████
Staatsangehörigkeit:	GHANAISCH
Geburtsdatum:	23. AUGUST 1972
Geburtsort: (Anschrift so vollständig wie möglich eintragen, z. B. Hausnummer, Straßenname, Name des Viertels oder Stadtteils)	KORLE-BU KRANKENHAUS ACCRA
Vollständige Unterschrift oder vollständiger Name und ordnungsgemäß bezeugtes Zeichen des Anzeigenden und Verwandtschaftsgrad zum Kind, falls ein solcher besteht:	███████████
Datum der Eintragung:	16. JUNI 1992
Unterschrift des Standesbeamten:	H. E. A. NUNOO
Randvermerk:	RRA/B/02/BF 92/3745 12.6.92

Ich, HUDSON EBENEZER AKWA NUNOO, Standesbeamter für Geburtseintragungen zu NIMA, im Eintragungsbezirk ACCRA, Ghana, bescheinige hiermit, daß dies eine originalgetreue Abschrift der Eintragung Nr. 2514 im Geburtenregister des oben angegebenen Bezirks ist und daß dieses Register mir amtlich untersteht.

Zur Beglaubigung dessen unterschreibe ich eigenhändig am 16. JUNI 1992.

(Unterschrift unleserlich)
Standesbeamter

Ich, JACOB BOTWE ASSIE, Standesbeamter für Geburts- und Sterbeeintragungen für Ghana, bescheinige hiermit, daß die obige Unterschrift die Handschrift von HUDSON EBENEZER AKWA NUNOO, Standesbeamter für Geburtseintragungen zu NIMA, im Eintragungsbezirk ACCRA, Ghana, ist.

Von mir unterzeichnet und gesiegelt in Accra, Ghana, am heutigen 16. JUNI 1992.

(Unterschrift unleserlich)
Standesbeamter für Geburts- und
Sterbeeintragungen
L.S.

Prägesiegel: GEBURTEN- UND STERBEREGISTER GHANAS

FORM 15

PROVINCE OF MANITOBA

Certificate of Birth

161898

Registration Division of .... Winnipeg ....

Place of Birth .... St. Boniface General Hospital, Winnipeg ....

Date of Birth .... June 17th, 1976 ....

Child's Full Name .... ███████████ ....

Male or Female .... Male ....

Name of Father .... ███████████ ....

Maiden Name of Mother .... ███████████ ....

Registration No. .... 4778 .... Registration Date .... July 2nd, 1976 ....

I, ... W. A. Quayle .... Division Registrar, of the Registration Division of .... Winnipeg ...., in the Province of Manitoba, do hereby certify that the above is a correct extract from the original registration of birth as made to me, and this Certificate is issued by me under the provisions of Section 28 Sub-Section 15 of "The Vital Statistics Act."
(A division registrar may only issue a certificate of birth during the CURRENT WEEK in which registration is made.)

Winnipeg , Man., July 13th, 1976 *W. A. Quayle*

H-y-42   Division Registrar

(Wappen)	**GEBURTSURKUNDE**	**161898**
PROVINZ MANITOBA	Eintragungsbezirk Winnipeg	

Geburtsort	St. Boniface General Hospital, Winnipeg
	(allgemeines Krankenhaus)
Geburtsdatum	17. Juni 1976
Voller Name des Kindes	███████
Männlich oder weiblich	männlich
Name des Vaters	███████
Mädchenname der Mutter	███████
Eintragungs-Nr.	4778 Datum der Eintragung 2. Juli 1976

Ich, W. A. Quayle , Bezirksstandesbeamter für den Eintragungsbezirk Winnipeg, Provinz Manitoba, bescheinige hiermit den Gleichlaut des Auszugs mit dem Originalgeburtseintrag, wie er in meiner Anwesenheit vorgenommen wurde, und stelle diese Urkunde aus in Übereinstimmung mit den Verfügungen von § 28, Absatz 15, des Standesamtsgesetzes (Vital Statistics Act).

(Ein Bezirksstandesbeamter darf eine Geburtsurkunde nur in der LAUFENDEN WOCHE der Eintragung ausfertigen.)

Winnipeg, Man., 13. Juli 1976   (Unterschrift: W.A. Quayle)
                                                                                        Bezirksstandesbeamter

Prägesiegel: Büro des städtischen Urkundsbeamten
                       Winnipeg

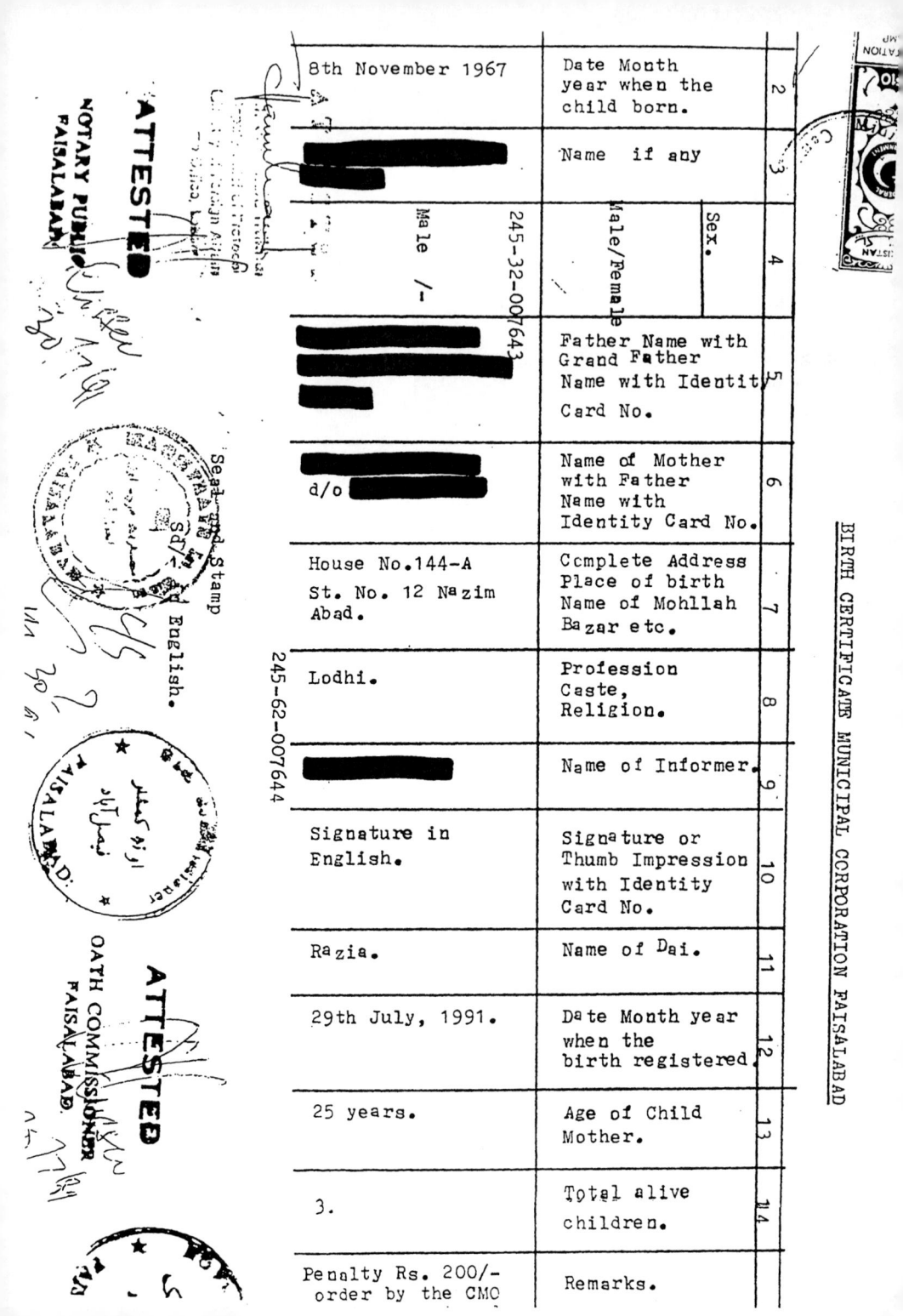

BIRTH CERTIFICATE MUNICIPAL CORPORATION FAISALABAD

2	Date Month year when the child born.	8th November 1967
3	Name if any	[REDACTED]
4	Sex. Male/Female	Male / — 245-32-007643
5	Father Name with Grand Father Name with Identity Card No.	[REDACTED]
6	Name of Mother with Father Name with Identity Card No.	[REDACTED] d/o [REDACTED]
7	Complete Address Place of birth Name of Mohllah Bazar etc.	House No. 144-A St. No. 12 Nazim Abad.
8	Profession Caste, Religion.	Lodhi. 245-62-007644
9	Name of Informer.	[REDACTED]
10	Signature or Thumb Impression with Identity Card No.	Signature in English.
11	Name of Dai.	Razia.
12	Date Month year when the birth registered.	29th July, 1991.
13	Age of Child Mother.	25 years.
14	Total alive children.	3.
	Remarks.	Penalty Rs. 200/- order by the CMO

ATTESTED
NOTARY PUBLIC
FAISALABAD

ATTESTED
OATH COMMISSIONER
FAISALABAD

Seal and Stamp
Sd/- English.

GEBURTSURKUNDE DER GEMEINDE FAISALABAD

1. Gebührenmarke: entwertet 10,00 Rupien
2. Tag, Monat, Jahr der Geburt des Kindes   8. November 1967
3. Name, falls gegeben
4. Geschlecht: männlich/weiblich   245-32-007643 männlich /-
5. Name des Vaters mit Namen des Großvaters, mit Nr. des Personalausweises
6. Name der Mutter mit Namen des Vaters, mit Nr. des Personalausweises
7. Vollständige Anschrift, Geburtsort, Name des Mohllah Bazar*) usw.   Haus Nr. 144-A Straße Nr. 12 Nazim Abad
8. Beruf, Kaste, Religion   Lodhi
9. Name des Anzeigenden
10. Unterschrift oder Daumenabdruck mit Nr. des Personalausweises   Unterschrift in Englisch
11. Name des Dai*)   Razia.
12. Tag, Monat, Jahr der Geburtseintragung   29. Juli 1991
13. Alter der Kindesmutter   25 Jahre
14. Insgesamt lebende Kinder   3
15. Bemerkungen   Eine Geldstrafe von 200,-- Rupien wurden auf Anordnung des CMO*) bezahlt. Quittung Nr. 46/36914.   29.07.91

                         245-62-007644

(Stempel:)
Beglaubigt:
(Unterschrift unleserlich)
M. Jamshaid Iftikhar
Notar
Ministerium für auswärtige Angelegenheiten
... unleserlich ... Büro Lahore

Datumsstempel: 31. Juli 1991

(Stempel:)
BEGLAUBIGT: (Unterschrift unleserlich)- 30.07.91
                      NOTAR - FAISALABAD

Siegel und Stempel
                      unterschrieben in Englisch
(Unterschrift und Stempel unleserlich)
30.07.91

(Stempel:)
BEGLAUBIGT:
                      (Unterschrift unleserlich)
                      DER ZUSTÄNDIGE BEAMTE FÜR EIDESSTATTLICHE
                      ERKLÄRUNGEN - FAISALABAD
30.07.91
                      2 Stempel: unleserlich ... FAISALABAD

*)   Anmerkung des Übersetzers: für die mit *) bezeichneten Begriffe gibt es weder deutsche noch englische zutreffende Bezeichnungen, sie blieben daher unübersetzt.

Printed by the Government Printer, Harare

03 FEB. 1995

65366-5
B.D. 6

STATUTORY FEE $5-00 Paid
Receipt No 765647 A.9.

FH № 310099

ZIMBABWE

BIRTHS AND DEATHS REGISTRATION ACT, 1986 (No. 11 OF 1986)

Certified Copy of an Entry of Birth Registered in the District of

MAZOE .... in Zimbabwe

CHILD	1. First names ▇▇▇	2. Surname ▇▇▇
	3. Birth-place HOWARD HOSPITAL MAZOE	
	4. Date of birth TWENTY-FIRST / MAY / 19 SEVENTY-FOUR (in words) (day of month) (month) (year)	
	5. Sex MALE	

FATHER OF CHILD	1. First names ▇▇▇	2. Surname ▇▇▇
	3. Birth-place RHODESIA	4. National identity card number X 23013

MOTHER OF CHILD	1. First names ▇▇▇	2. Maiden surname ▇▇▇
	3. Birth-place RHODESIA	4. National identity card number -----

INFORMANT	1. Signature or mark ▇▇▇
	2. Qualification FATHER OF CHILD
	3. Address 855 OLD CANAAN HIGHFIELD

1. Date of registration 13.6.77	3. Names added or altered after registration
2. Entry number MAZ/2321/77	

I certify that the above is a true copy of an entry of the above particulars in the register of births kept at

HARARE

Dated this FIRST day of DECEMBER 19 94

for : Registrar-General/Registrar of Births and Deaths

THIS CERTIFICATE IS ISSUED WITHOUT AMENDMENT

REGISTRAR GENERAL OF BIRTHS AND DEATHS
Stamp 01 DEC 1994 CR 4
PRIVATE BAG 7734, CAUSEWAY
ZIMBABWE

Stempel: GESETZLICHE GEBÜHR
$ 5,00 entrichtet
Quittung Nr. 765647
A. G.
i. A. Leiter der Personenstandsbehörde für Geburten und Todesfälle

(Wappen unleserlich)
SIMBABWE   FH Nr. 310099

GESETZ ÜBER DIE EINTRAGUNG VON GEBURTEN UND TODESFÄLLEN VON 1986
(Nr. 11/1986)

Beglaubigte Abschrift eines Geburtseintrags, eingetragen im Bezirk
MAZOE   in Simbabwe

KIND	1. Vornamen	2. Familienname
	3. Geburtsort HOWARD HOSPITAL MAZOE	
	4. Geburtsdatum EINUNDZWANZIGSTER MAI 19 VIERUNDSIEBZIG (in Worten) (Tag) (Monat) (Jahr)	
	5. Geschlecht MÄNNLICH	
VATER DES KINDES	1. Vornamen	2. Familienname
	3. Geburtsort RHODESIEN	4. Ausweis-Nr. X 23013
MUTTER DES KINDES	1. Vornamen	2. Geburtsname
	3. Geburtsort RHODESIEN	4. Ausweis-Nr. ----
ANZEI-GENDER	1. Unterschrift oder Zeichen	
	2. Eigenschaft VATER DES KINDES	
	3. Anschrift 855 OLD CANAAN HIGHFIELD	
	1. Eintragungsdatum 13.6.77	3. Nach der Eintragung hinzu- gefügte oder geänderte Namen
	2. Eintrag Nr. MAZ/2321/77	(gestrichen)

Hiermit wird bescheinigt, daß es sich bei der vorstehenden Urkunde um eine gleichlautende Abschrift des Eintrags mit oben genannten Daten im Geburtenregister von HARARE handelt.

Den ERSTEN DEZEMBER 1994
        (Unterschrift unleserlich)
i. A.:   *Leiter der Personenstandsbehörde/Standesbeamter für Geburten und Todesfälle*

DIE VORLIEGENDE URKUNDE WIRD OHNE ÄNDERUNGEN AUSGESTELLT.

Stempel: LEITER DER PERSONENSTANDSBEHÖRDE FÜR GEBURTEN UND TODESFÄLLE
01. DEZEMBER 1994
PRIVATE BAG 7734, CAUSEWAY
SIMBABWE

CERTIFICATE OF LIVE BIRTH
ALASKA DEPARTMENT OF HEALTH AND WELFARE
BUREAU OF VITAL STATISTICS — JUNEAU, ALASKA 99801

RECORDER'S NO: 71-772-B

CHILD — NAME: [redacted]

SEX: Male
THIS BIRTH: Single
DATE OF BIRTH: March 4, 1971
HOUR: 12:24 am

PLACE OF BIRTH: ALASKA
RECORDING DISTRICT: Anchorage
CITY, TOWN, OR LOCATION: Anchorage

HOSPITAL — NAME: Alaska Native Medical Center

FATHER — NAME: [redacted]
AGE: 19 YEARS
STATE OF BIRTH: New York

MOTHER — MAIDEN NAME: [redacted]
AGE: 19 YEARS
STATE OF BIRTH: Alaska

RESIDENCE — STATE: Alaska
RECORDING DISTRICT OR COUNTY: Anchorage
CITY, TOWN, OR LOCATION: Anchorage
STREET AND NUMBER: 640 LaTouche St.

MOTHER'S MAILING ADDRESS: 640 LaTouche St., Apt #7, Anchorage, Alaska 99501

SIGNATURE: [signature]
NAME (TYPE OR PRINT): Larry Dillon, M.D.
TITLE: M.D.
MAILING ADDRESS: Box 7-741, Anchorage, Alaska 99501

RECORDER — SIGNATURE: Paul B. Jones, Presiding District Judge
ADDRESS: Anchorage
DATE RECORDED: 3/23/71

STATE OF ALASKA   )
THIRD JUDICIAL DISTRICT) ss

I, the undersigned, certify that this is a true copy of an original document on file in the Trial Courts, Third Judicial District, State of Alaska.

Witness my hand and seal of this court this 22nd day of December, 1993 at Anchorage, Alaska.

CLERK OF THE TRIAL COURTS

By: [signature]
Deputy Clerk

GEBURTSURKUNDE
MINISTERIUM FÜR GESUNDHEIT UND WOHLFAHRT VON ALASKA
STANDESAMT - JUNEAU, ALASKA 99801

MIT SCHREIBMASCHINE ODER DAUERHAFTER TINTE AUSFÜLLEN

Nr. DES URKUNDSBEAMTEN
71-772-B

KIND

1 NAME DES KINDES
   VORNAME
   WEITERE NAMEN
   FAMILIENNAME

2 GESCHLECHT   Männlich

3a WAR DIESE GEBURT EINE   ☐ ZWILLINGSGEBURT
                           ☒ EINZELGEBURT   ☐ DRILLINGSGEBURT?
3b FALLS MEHRLINGSGEBURT - GEBOREN ALS
   ☐ 1.   ☐ 2.   ☐ 3.

4a GEBURTSDATUM (TAG, MONAT, JAHR)   4. März 1971
4b ZEITPUNKT DER GEBURT   00:24

   GEBURTSORT   **ALASKA**
5a EINTRAGUNGSBEZIRK   Anchorage
5b STADT ODER ORTSCHAFT   Anchorage
5c INNERHALB DER STADTGRENZEN   ☒ JA   ☐ NEIN
5d NAME DES KRANKENHAUSES
   (FALLS NICHT IM KRANKENHAUS,   Alaska Native Medical
   STRASSE UND HAUSNUMMER ANGEBEN)   Center
5e STRASSE UND HAUSNUMMER   *(keine Angaben)*

VATER

6a NAME DES VATERS
   VORNAME
   WEITERE NAMEN
   FAMILIENNAME
6b ALTER   (ZUM ZEITPUNKT DIESER GEBURT)   19   JAHRE
6c GEBURTSSTAAT   (FALLS NICHT IN DEN USA,
                  LAND ANGEBEN)   New York

MUTTER

7a MÄDCHENNAME DER MUTTER
   VORNAME
   WEITERE NAMEN
   FAMILIENNAME
7b ALTER   (ZUM ZEITPUNKT DIESER GEBURT)   19   JAHRE
7c GEBURTSSTAAT   (FALLS NICHT IN DEN USA,
                  LAND ANGEBEN)   Alaska

8a WOHNSITZ - BUNDESSTAAT   Alaska
8b EINTRAGUNGSBEZIRK ODER VERWALTUNGSBEZIRK   Anchorage
8c STADT ODER ORTSCHAFT   Anchorage
8d INNERHALB DER STADTGRENZEN   ☐ JA   ☐ NEIN
8e STRASSE UND HAUSNUMMER   640 LaTouche St.

9a	UNTERSCHRIFT DER MUTTER ICH BESCHEINIGE HIERMIT, DASS DIE ANGABEN IN PUNKT 1-8 KORREKT SIND. *(Unterschrift)*
9b	POSTANSCHRIFT DER MUTTER - STRASSE O. POSTFACH, STADT, BUNDESSTAAT, PLZ (FÜR DIE MITTEILUNG ÜBER DIE AMTLICHE EINTRAGUNG DER GEBURT) 640 LaTouche St., Apt #7, Anchorage, Alaska 99501

ARZT ODER SONSTIGE EINTRAGUNGSBESCHEINIGUNG

ICH BESCHEINIGE HIERMIT, DASS DAS OBEN GENANNTE KIND ZUM OBEN ANGEGEBENEN ZEITPUNKT UND DATUM UND AM ANGEGEBENEN ORT LEBEND GEBOREN WURDE.

10a	UNTERSCHRIFT		*(Unterschrift unleserlich)*
10b	NAME (GETIPPT O. IN DRUCKBUCHSTABEN)		Larry Dillon, Dr. med.
10c	TITEL	☐ Dr. med.	☐ KRANKENSCHWESTER
		☐ HEBAMME	☐ UNTERSTANDESBEAMTER
10d	ZEUGE DER GEBURT: ← ☐ DER UNTERZEICHNETE FALLS **NICHT** DIESELBE PERSON		
	NAME _____ TITEL _____		
10e	DATUM DER UNTERZEICHNUNG	(TAG, MONAT, JAHR)	*(keine Angaben)*
10f	POSTANSCHRIFT - STRASSE O. POSTFACH, STADT, BUNDESSTAAT, PLZ Box 7-741, Anchorage, Alaska 99501		

11a	UNTERSCHRIFT DES URKUNDSBEAMTEN Stempel: Paul B. Jones Vorsitzender Bezirksrichter		
	(Unterschrift) Louise Hoffer STELLV. LEITERIN DER GESCHÄFTSSTELLE		
11b	ANSCHRIFT		Anchorage
11c	DATUM DER EINTRAGUNG	(TAG, MONAT, JAHR)	23.3.71

BUNDESSTAAT ALASKA)
DRITTER GERICHTSBEZIRK) ss

Ich, der Unterzeichnete, bescheinige hiermit, daß die vorliegende Urkunde eine treue Abschrift des Originaldokuments ist, das im Amtsgericht des dritten Gerichtsbezirks des Bundesstaates Alaska archiviert ist.

Von mir unterzeichnet und mit dem Dienstsiegel des Gerichts versehen am heutigen 22. Dezember 1993 in Anchorage, Alaska.

LEITER DER GESCHÄFTSSTELLE DES AMTSGERICHTS

i. A.: *(Unterschrift unleserlich)*
Stellv. Leiter der Geschäftsstelle

NICHT VERVIELFÄLTIGEN

IN THE DISTRICT COURT OF THE STATE OF IOWA
IN AND FOR BLACK HAWK COUNTY

STATE OF IOWA } ss. BIRTH CERTIFICATE NO. 1018
BLACK HAWK COUNTY

I, Joan M. Glaza , Clerk of the District Court within and for the County and State aforesaid, hereby certify that I am the legal custodian of the birth records of said County; and that the records of my office show the following relative to the birth of—

Name of Child ▬▬▬▬▬▬▬▬▬▬
Date of Birth May 27, 1966   Sex Male
Father's Name ▬▬▬▬▬▬▬▬▬▬
Mother's Maiden Name ▬▬▬▬▬▬▬▬▬▬
Attending Physician Vernon H. Plager M.D.
Place of Birth Waterloo Black Hawk Co., Ia.
Filing Date June 7, 1966

IN TESTIMONY WHEREOF I have hereunto affixed my signature and the Seal of said Court, at my office in Waterloo, Iowa, this 15th day of June, A. D., 19 76

Joan M. Glaza
Clerk District Court

SPC-20540

IM BEZIRKSGERICHT DES BUNDESSTAATES IOWA
IN UND FÜR DEN VERWALTUNGSBEZIRK BLACK HAWK

BUNDESSTAAT IOWA)
) S.S. **GEBURTSURKUNDE NR. 1018**
VERWALTUNGSBEZIRK)
BLACK HAWK)

Ich, Joan M. Glaza, Urkundsbeamtin am Bezirksgericht in und für vorgenannten Verwaltungsbezirk und Bundesstaat, bescheinige hiermit, daß ich rechtmäßig die Aufsicht über das Geburtenregister des genannten VerwaltungsbezirkS habe und daß aus dem in meinem Büro geführten Geburtenregister folgendes hervorgeht betreffend die Geburt von:

Name des Kindes: ████████
Geburtsdatum: 27. Mai 1966 Geschlecht: männlich
Name des Vaters: ████████
Mädchenname der Mutter:
Bei der Geburt anwesender Arzt: Dr. med. Vernon H. Plager
Geburtsort: Waterloo, Verwaltungsbezirk
Black Hawk, Iowa
Archivierungsdatum: 7. Juni 1966

ZU URKUND DESSEN habe ich diese Urkunde mit meiner Unterschrift und dem Siegel des genannten Gerichts versehen, in meinem Büro in Waterloo, Iowa, am heutigen 15. Juni A.D. 1976.

(Unterschrift:) Joan M. Glaza
Urkundsbeamtin am Bezirksgericht
i.A._____
~~Stellvertretender~~

New York State Department of Health
OFFICE OF VITAL RECORDS
CERTIFICATE OF BIRTH

Dist. No. 13a.1
Registered No. 240
99163

1. PLACE OF BIRTH: STATE OF NEW YORK
a. COUNTY: Dutchess
b. TOWN:
c. CITY OR VILLAGE: Beacon
d. NAME OF HOSPITAL OR INSTITUTION: Highland Hospital

2. USUAL RESIDENCE OF MOTHER
a. STATE: New York
b. COUNTY: Dutchess
c. TOWN: Poughkeepsie
d. CITY OR VILLAGE:
Is residence within its corporate limits? YES ☐ NO ☐
e. STREET ADDRESS: 17 Sandi Drive
f. Is residence on farm? YES ☐ NO ☒

3. CHILD'S NAME: [redacted]

4. SEX: Male
5a. THIS BIRTH: SINGLE ☒ TWIN ☐ TRIPLET ☐
5b. IF TWIN OR TRIPLET: 1ST ☐ 2ND ☐ 3RD ☐
6. DATE OF BIRTH: July 6, 1961

FATHER OF CHILD

7. FULL NAME: [redacted]
8. COLOR OR RACE: White
9. AGE: 35 YEARS
10. BIRTHPLACE: New York
11a. USUAL OCCUPATION: Salesman
11b. KIND OF BUSINESS OR INDUSTRY: Upjohn Company

MOTHER OF CHILD

12. FULL MAIDEN NAME: [redacted]
13. COLOR OR RACE: White
14. AGE: 33 YEARS
15. BIRTHPLACE: New York
16. CHILDREN PREVIOUSLY BORN TO THIS MOTHER (Do NOT include this child):
a. How many OTHER children are now living? 1
b. How many OTHER children were born alive but are now dead? 0
c. How many children were stillborn? 0

17. LENGTH OF PREGNANCY COMPLETED WEEKS: 40
18. WEIGHT OF CHILD AT BIRTH: 7 LBS 9 OZS
19a. WAS THE BLOOD OF THIS CHILD'S MOTHER TESTED FOR SYPHILIS?
During pregnancy? YES ☒ NO ☐   At delivery? YES ☐ NO ☐
19b. DATE TEST MADE: March 1961
19c. IF NO TEST STATE REASON THEREFOR:

20a. WHAT PREVENTIVE FOR PURULENT CONJUNCTIVITIS DID YOU USE? Silver Nitrate
20b. IF NONE, STATE THE REASON THEREFOR:

NY STATE DEPT. OF HEALTH VR FILED

21. MOTHER'S MAILING ADDRESS FOR REGISTRATION NOTICE: 17 Sandi Drive, Poughkeepsie, New York

I hereby certify that I attended the birth of this child who was born alive on the date stated above at 3:49 A.m.

22a. SIGNATURE OF ATTENDANT: M. [signature]
H.D. ☒ MIDWIFE ☐ OTHER ☐
22b. ADDRESS: 35 Teller Avenue, Beacon, New York
22c. DATE SIGNED: July 7, 1961

23. DATE FILED BY LOCAL REG.: July 10, 1961
24. REGISTRAR'S SIGNATURE: Raymond Woolfield
25. GIVEN NAME ADDED: 19

	Gesundheitsministerium des Staates NEW YORK	
Verwaltungsbezirk Nr. 1301	STANDESAMTSABTEILUNG	99163
Vom Standesbeamten einzutragen	GEBURTSURKUNDE	Eintragungs-Nr: 240

1. GEBURTSORT: BUNDESSTAAT NEW YORK	2. STÄNDIGER WOHNSITZ DER MUTTER (Wo lebt die Mutter?)		
a) BEZIRK Dutchess	a) BUNDESSTAAT New York	b) VERWALTUNGSBEZIRK Dutchess	
b) STADT (keine Eintragung)	c) STADT Poughkeepsie		
c) STADT ODER DORF Beacon	d) STADT ODER DORF (keine Eintragung)	Befindet sich der ständige Wohnsitz innerhalb der Stadtgrenzen? JA ☐ NEIN ☐	
d) NAME DES KRANKENHAUSES ODER DES ENTBINDUNGSHEIMS (Wenn die Geburt weder in einem Krankenhaus noch in einem Entbindungsheim stattgefunden hat, ist die Adresse oder Ortschaft anzugeben) Highland Hospital	e) STRASSE ANSCHRIFT 17 Sandi Drive	f) Ist der ständige Wohnsitz eine Farm? JA ☐ NEIN ☒	

3. NAME DES KINDES
(Mit Schreibmaschine oder in Druckbuchstaben ausfüllen)

4. GESCHLECHT	5a. DIESE GEBURT	5b. BEI ZWILLINGS- ODER DRILLINGSGEBURT Dieses Kind wurde geboren als	6. GEBURTSDATUM (Monat) (Tag) (Jahr)
Männlich	EINZELGEBURT ☒ ZWILLING ☐ DRILLING ☐	ERSTES ☐ ZWEITES ☐ DRITTES ☐	Juli 6 1961

VATER DES KINDES

7. VOLLSTÄNDIGER NAME	8. FARBE ODER RASSE: weiß

9. ALTER (zum Zeitpunkt dieser Geburt)	10. GEBURTSORT (Bundesstaat oder Ausländisches Land))	11a. ÜBLICHE BESCHÄFTIGUNG	11b. ART DES BETRIEBES ODER DER INDUSTRIE
35 JAHRE ALT	New York	Verkäufer	Upjohn Company

MUTTER DES KINDES

12. VOLLSTÄNDIGER MÄDCHENNAME:	13. FARBE ODER RASSE weiß

14. ALTER (zum Zeitpunkt dieser Geburt)	15. GEBURTSORT (Bundesstaat oder Ausländisches Land))	16. VORHERGEHENDE ENTBINDUNGEN DER MUTTER (OHNE diese Geburt)		
33 JAHRE	New York	a) Wie viele ANDERE Kinder leben	b) Wie viele ANDERE Kinder wurden lebend geboren, sind aber verstoben?	c) Wie viele Kinder totgeboren (nach 30 Wochen Schwangerschaftszeit totgeboren)?
17. DAUER DER SCHWANGERSCHAFT, VOLLSTÄNDIGE WOCHEN 40	18. GEWICHT DES KINDES BEI DER GEBURT 3430 g. oder 7 lb., 9 unzen	1	0	0

19a. WURDE DAS BLUT DER KINDESMUTTER AUF SYPHILIS UNTERSUCHT? während der Schwangerschaft? JA ☒ NEIN ☐ während der Entbindung? JA ☐ NEIN ☐	19b. UNTERSUCHUNGSDATUM März 1961	19c. WENN KEINE UNTERSUCHUNG ERFOLGT, GRUND HIERFÜR ANGEBEN: (keine Eintragung)
20a WELCHES VORBEUGENDE MITTEL GEGEN EITRIGE KONJUNKTIVITIS WURDE ANGEWANDT? Silbernitrat		20b FALLS KEINES, GRUND HIERFÜR ANGEBEN: VOM GESUNDHEITSMINISTERIUM DES STAATES NEW YORK AUSZUFÜLLEN (keine Eintragung)

21. POSTANSCHRIFT DER MUTTER FÜR EINTRAGUNGSMITTEILUNGEN:
17 Sandi Drive, Poughkeepsie, New York

Ich bescheinige hiermit, daß das Kind am oben angegebenen Datum um 3:49 Uhr morgens lebend geboren wurde.	22a. UNTERSCHRIFT DES ZEUGEN DER GEBURT (unleserlich)	ARZT ☒ HEBAMME ☐ SONSTIGE (bitte angeben)
	22b. ANSCHRIFT 35 Teller Avenue, Beacon, New York	22c. UNTERSCHRIFTSDATUM 7. Juli 1961
23. DATUM DER EINTRAGUNG IM ÖRTLICHEN STANDESAMT 10. Juli 1961	24. UNTERSCHRIFT DES STANDESBEAMTEN Raymond Woodfield	25. NAMENSERGÄNZUNG: -/- Standesbeamter

CERTIFICATE OF LIVE BIRTH
STATE OF OKLAHOMA – DEPARTMENT OF HEALTH

LOCAL REG NO. 1951 STATE FILE NO. 135 - 80-018240

1. CHILD NAME	[redacted]
2. DATE OF BIRTH	5/3/83
3. HOUR	9:04 P.M.
4. SEX	Male
5a. THIS BIRTH	Single
5b. IF TWIN OR TRIPLET	—
6a. COUNTY OF BIRTH	Grady
6b. CITY, TOWN, OR LOCATION OF BIRTH	Chickasha
6c. INSIDE CITY LIMIT	Yes
6d. HOSPITAL NAME	Grady Memorial Hospital
7. MOTHER MAIDEN NAME	[redacted]
8. AGE	22
9. BIRTHPLACE	Germany
10a. RESIDENCE – STATE	Oklahoma
10b. COUNTY	Grady
10c. CITY, TOWN, OR LOCATION	Amber
10d. INSIDE CITY LIMIT	No
10e. STREET ADDRESS	Box 154
11. FATHER NAME	[redacted]
12. AGE	24
13. BIRTHPLACE	Florida
14a. INFORMANT	SIGNATURE OF EITHER PARENT [redacted]
15. MOTHER'S MAILING ADDRESS	P.O. Box 154 Amber, Oklahoma 73004
16a. WAS BLOOD OF THIS CHILD'S MOTHER TESTED FOR SYPHILIS?	Yes
16b. DATE TEST MADE	5/3/83
17. WEIGHT OF CHILD AT BIRTH	6 LBS. 0 OZS.
18. WAS PROPHYLACTIC DRUG USED IN BABY'S EYES?	Yes
19a. SIGNATURE OF ATTENDANT	[signature]
19b. DATE SIGNED	5/3/83
19c. NAME OF ATTENDANT	Alan J. Weedn, M.D.
19d. ATTENDANT AT BIRTH	M.D.
19e. ADDRESS OF ATTENDANT	Chickasha Clinic 2222 Iowa Chickasha, Oklahoma 73018
20a. DATE REC'D BY LOCAL REG.	5-13-83
20b. LOCAL REGISTRAR'S SIGNATURE	Carla Scott

State Department of Health
State of Oklahoma
OKLAHOMA CITY, OKLAHOMA 73152

ROGER C. PIRRONG
STATE REGISTRAR OF VITAL STATISTICS

CERTIFIED COPY MUST HAVE EMBOSSED SEAL

I hereby certify the foregoing to be a true and correct copy, original of which is on file in this office. In testimony whereof, I have hereunto subscribed my name and caused the official seal to be affixed, at Oklahoma City, Oklahoma, this date.

FEB 05 1990

GEBURTSURKUNDE
BUNDESSTAAT OKLAHOMA - GESUNDHEITSMINISTERIUM

ÖRTLICHE EINTRAGUNGS-Nr. /95/ EINZELSTAATLICHES AZ 135- 83-0182481

1. KIND NAME	Vorname Weitere Namen Familienname (Mit Schreibmaschine oder in Druckbuchstaben ausfüllen)	2. GEBURTSDATUM	Tag 03	Monat 05	Jahr 83	3. ZEITPUNKT 21:04 Uhr
4. GESCHLECHT männlich	5a. DIESE GEBURT WAR EINE EINZELGEBURT ☒ ZWILLINGSGEBURT ☐ DRILLINGSGEBURT ☐	5b. FALLS ZWILLINGS- ODER DRILLINGSGEBURT, WURDE DAS KIND ALS 1.☐ 2.☐ 3.☐ GEBOREN			6a. VERWALTUNGSBEZIRK DER GEBURT Grady	
6b. STADT ODER ORTSCHAFT DER GEBURT Chickasha	6c. INNERHALB DER STADTGRENZEN Ja ☒ Nein ☐	6d. NAME DES KRANKENHAUSES (Falls nicht im Krankenhaus, bitte Straße und Hausnummer angeben) Grady Memorial Hospital				
7. MUTTER MÄDCHENNAME	Vorname Weitere Namen Familienname	8. ALTER (zum Zeitpunkt dieser Geburt) 22			9. GEBURTSORT (Staat oder Ausland) Deutschland	
10a. WOHNSITZ - BUNDESSTAAT Oklahoma	10b. VERWALTUNGSBEZIRK Grady	10c. STADT ODER ORTSCHAFT Amber	10d. INNERHALB DER STADTGRENZEN Ja ☒ Nein ☐		10e. STRASSE UND HAUSNUMMER Box 154	
11. VATER NAME	Vorname Weitere Namen Familienname	12. ALTER (zum Zeitpunkt dieser Geburt) 24			13. GEBURTSORT (Staat oder Ausland) Florida	
14a. ANZEIGENDER UNTERSCHRIFT EINES ELTERNTEILS		14b. FALLS KEINE UNTERSCHRIFT EINES ELTERNTEILS ZU ERLANGEN IST, BITTE. GRÜNDE ANGEBEN [keine Eintragung]				
15. POSTANSCHRIFT DER MUTTER P.O. Box 154 Amber, Oklahoma 73004		STRASSE oder FREIE LANDPOST-ZUSTELL-Nr.		POSTAMT	STAAT	PLZ
16a. WURDE DAS BLUT DER MUTTER DIESES KINDES AUF SYPHILIS UNTERSUCHT? Ja ☒ Nein ☐		16b. DATUM DES TESTS 03.05.83	16c. FALLS KEIN TEST DURCHGEFÜHRT WURDE, BITTE GRÜNDE ANGEBEN.			
17. GEWICHT DES KINDES BEI DER GEBURT 2,72 kg [6 lbs]		18. WURDE EIN PROPHYLAKTIKUM FÜR DIE AUGEN DES SÄUGLINGS VERWENDET? Ja ☒ Nein ☐				
Ich bescheinige hiermit, daß dieses Kind am oben angegebenen Datum lebend geboren wurde.	19a. UNTERSCHRIFT DES ZEUGEN DER GEBURT [Unterschrift unleserlich], Dr. med.		19b. DATUM DER UNTERZEICHNUNG 03.05.83			
	19c. NAME DES ZEUGEN DER GEBURT (Mit Schreibmaschine oder in Druckbuchstaben ausfüllen) Alan J. Weedn, Dr. med.		19d. ZEUGE DER GEBURT Dr. med. ☒ D.O.² ☐ D.C.² ☐ Hebamme ☐ Sonstige ☐ (bitte angeben)			
19e. ANSCHRIFT DES ZEUGEN DER GEBURT Chickasha Clinic 2222 Iowa Chickasha, Oklahoma 73018		STRASSE oder FREIE LANDPOST-ZUSTELL-Nr.		POSTAMT	STAAT	PLZ
20a. DATUM DER EINTRAGUNG DURCH DEN ÖRTLICHEN STANDESBEAMTEN 13.05.83	20b. UNTERSCHRIFT DES ÖRTLICHEN STANDESBEAMTEN [Unterschrift unleserlich]		21. DATUM DES EINGANGS BEIM EINZELSTAATLICHEN STANDESBEAMTEN [Datumsstempel unleserlich]			
DIESE ZEILE IST VOM EINZELSTAATLICHEN STANDESBEAMTEN AUSZUFÜLLEN	22a. DATUM DER KORREKTUREN [keine Eintragung]	22b. KORRIGIERTE PUNKTE [keine Eintragung]		22c. BEHÖRDE [keine Eintragung]	22d. URKUNDSBEAMTER [keine Eintragung]	

Siegel: GROSSES SIEGEL DES STAATES OKLAHOMA - 1907

EINZELSTAATLICHES GESUNDHEITSMINISTERIUM

ROGER C. PIRRONG
EINZELSTAATLICHER
STANDESBEAMTER

Bundesstaat Oklahoma

OKLAHOMA CITY, OKLAHOMA 73152

EINE BEGLAUBIGTE
ABSCHRIFT MUSS MIT
MIT DEM PRÄGESIEGEL
VERSEHEN SEIN.

Ich bescheinige hiermit, daß das Vorstehende eine gleichlautende und korrekte Abschrift des in diesem Büro archivierten Originals ist. Zur Beglaubigung dessen habe ich das vorliegende Dokument am heutigen Tag zu Oklahoma City, Oklahoma, mit meinem Namen unterzeichnet und mit dem Dienstsiegel versehen lassen.

05. FEBRUAR 1990

[Unterschrift unleserlich]

[unleserlich] STANDESBEAMTER

[Anm. d. Übers.:
1   Nummer zum Teil unleserlich
2   Abkürzung unbekannt.]

DEPARTMENT OF STATE
FOREIGN SERVICE OF THE UNITED STATES OF AMERICA

Certification of Birth Abroad
of a Citizen of the United States of America

This is to certify that according to records on file in this Office

** ▓▓▓▓▓▓ **

Sex _male_ was born at _Landstuhl, Rheinland- Pfalz, Germany_

on _March 22, 1987_ Report of birth recorded on _August 26, 1987_

In Witness Whereof, I have hereunto subscribed my name and affixed the seal of the Consular Service of the United States of America at _Fraknfurt am Main, Germany_

this _26th_ day of _August_ _1987_.

(SEAL)

JAMES E. FLYNN
Consul of the
United States of America, of the United States of America

WARNING: This certificate is not valid if it has been altered in any way whatsoever or if it does not bear the raised seal of the office of issuance.

Form FS-545
1-73

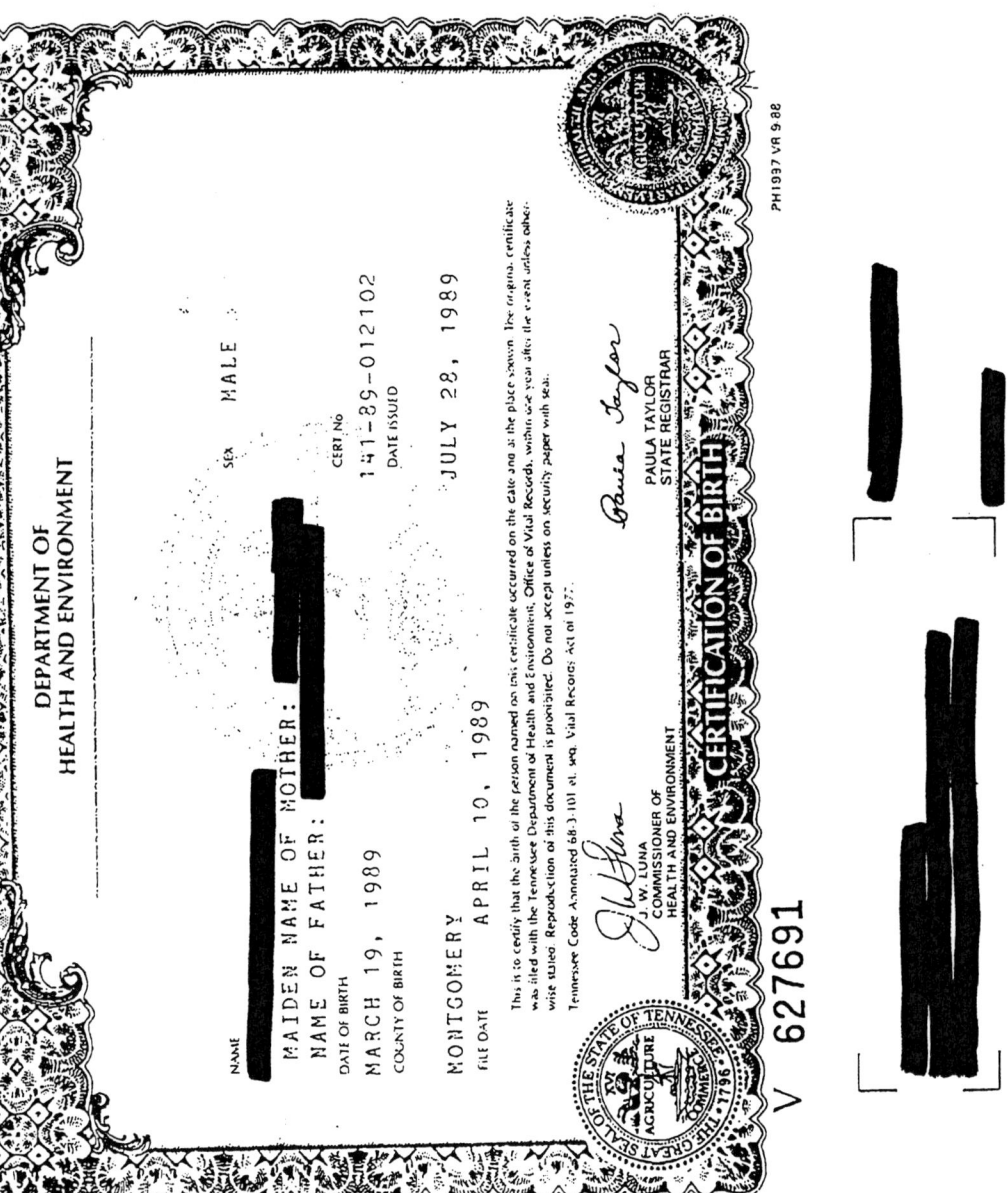

(Zwei Wappen)

AUSSENMINISTERIUM
AUSWÄRTIGER DIENST DER VEREINIGTEN STAATEN VON AMERIKA
Bescheinigung der Geburt eines Staatsbürgers
der Vereinigten Staaten von Amerika im Ausland

Hiermit wird bescheinigt, daß gemäß den in diesem Amt archivierten Unterlagen

** ▓▓▓▓▓▓▓▓▓▓ **

Geschlecht   männlich, am   22. März 1987
in   Landstuhl, Rheinland-Pfalz, Deutschland, geboren wurde; Eintragung der Geburtsanzeige am   26. August 1987.
Zu Urkund dessen habe ich die vorliegende Bescheinigung am heutigen 26. August 1987 eigenhändig unterzeichnet und mit dem Siegel des Konsulardienstes der Vereinigten Staaten von Amerika zu Frankfurt am Main, Deutschland, versehen.

(Unterschrift unleserlich)

(SIEGEL)   JAMES E. FLYNN
           Konsul der
           Vereinigten Staaten von Amerika
                                                         der Vereinigten Staaten von Amerika

WARNUNG: Die vorliegende Urkunde ist ungültig, wenn sie in irgendeiner Weise verändert wurde oder wenn sie nicht mit dem erhabenen Siegel der ausstellenden Behörde versehen ist.

(S. 2)

BUNDESSTAAT TENNESSEE
MINISTERIUM FÜR GESUNDHEIT UND UMWELT

NAME   GESCHLECHT   MÄNNLICH
▓▓▓▓▓▓▓▓▓▓
          MÄDCHENNAME DER MUTTER: ▓▓▓▓▓▓▓▓▓▓
          NAME DES VATERS: ▓▓▓▓▓▓▓▓▓▓

GEBURTSDATUM   URKUNDE Nr.
19. MÄRZ 1989   141-89-012102
VERWALTUNGSBEZIRK DER GEBURT   AUSSTELLUNGSDATUM
MONTGOMERY   28. JULI 1989
ARCHIVIERUNGSDATUM   10. APRIL 1989

Hiermit wird bescheinigt, daß sich die Geburt der auf dieser Urkunde genannten Person am ausgewiesenen Datum und Ort ereignet hat. Die Originalurkunde wurde, sofern nichts anderweitiges angegeben ist, innerhalb eines Jahres nach der Geburt beim Standesamt des Ministeriums für Gesundheit und Umwelt des Staates Tennessee archiviert. Die Vervielfältigung des vorliegenden Dokuments ist untersagt. Akzeptieren Sie das vorliegende Dokument nur auf Sicherheitspapier mit Siegel.
Tennessee Gesetzbuch mit Anmerkungen 68-3-101 et seq. Standesamtsgesetz von 1977.

(Unterschrift unleserlich)   (Unterschrift unleserlich)
J. W. LUNA   PAULA TAYLOR
BEAUFTRAGTER FÜR   EINZELSTAATLICHE STANDESBEAMTIN
GESUNDHEIT UND UMWELT

Siegel links: Siegel rechts:

GROSSES SIEGEL DES STAATES TENNESSEE   MINISTERIUM FÜR GESUNDHEIT UND UMWELT
XVI   XVI
LANDWIRTSCHAFT   LANDWIRTSCHAFT
HANDEL   HANDEL
1796   TENNESSEE

GEBURTSURKUNDE

V 627691   PH1987 VR 9-88

REPORT OF CHILD BORN ABROAD OF AMERICAN PARENT(S)
(USAREUR Reg 40-3)

I HEREBY CERTIFY THAT ▮▮▮▮▮▮▮▮▮▮ (Full name of child)   Sex: **Male**

WAS BORN AT **0835** (Hours) ON **24Nov71** (Date) WEIGHT **6-7** (Grams) AT **USAGH LANDSTUHL APO 09180** (Place of birth in full)

The following information has been furnished by father and/or mother:

PLACE OF MARRIAGE	DATE OF MARRIAGE	NO. OF LIVE BIRTHS, THIS MARRIAGE
Pirmasens, Germany	19 Jan 1970	1

FATHER

FULL NAME		RELIGION
▮▮▮▮▮▮▮▮▮▮	Cau	Catholic

OCCUPATION	RANK	PRESENT UNIT
US Army	Ret	

BIRTHPLACE	BIRTHDATE
Cleveland, Ohio	3 November 1930

IF FOREIGN BORN, NATURALIZED AND REGISTERED AS AMERICAN CITIZEN	PLACE OF REGISTRY	DATE OF REGISTRY
☐ YES ☐ NO N/A	N/A	N/A

PASSPORT NUMBER	ISSUED BY	ISSUE DATE	EXPIRATION DATE
N/A	N/A	N/A	N/A

PRESENT RESIDENCE ADDRESS: Pirmasens, Wildstrasse 18 /Pfalz, Germany

PRECISE PERIODS AND PLACES OF RESIDENCE SINCE BIRTH (Use reverse side if necessary)

```
1930-1945 Cleveland, Ohio        1971-to date Ret in Germany.
1945-1949 Eastport, Michigan
1949-1950 Cleveland, Ohio
1950-1971 in US Army in US and abroad.
```

MOTHER

FULL NAME		RELIGION
▮▮▮▮▮▮▮▮▮▮	Cau	Baptist

OCCUPATION	RANK	PRESENT UNIT
Housewife	N/A	N/A

BIRTHPLACE	BIRTHDATE
Mannheim /Rheinau, Germany	10 June 1949

IF FOREIGN BORN, NATURALIZED AND REGISTERED AS AMERICAN CITIZEN	PLACE OF REGISTRY	DATE OF REGISTRY
☐ YES ☒ NO	Fed Rep of Germany	N/A

PASSPORT NUMBER	ISSUED BY	ISSUE DATE	EXPIRATION DATE
B 8656055	General Consulate Germany, Los Angeles, Ca.	19 April 1971	5 June 1976

PRESENT RESIDENCE ADDRESS: Pirmasens, Wildstrasse 18 /Pfalz, Germany

PRECISE PERIODS AND PLACES OF RESIDENCE SINCE BIRTH (Use reverse side if necessary)

```
1949-1950 Mannheim, Germany
1950-1966 Pirmasens, Germany     1970-to date with husband in US Army
1966-1967 Houston, Texas         Ret in Germany.
1967-1970 Pirmasens, Germany
```

REGISTRAR	ATTENDING PHYSICIAN
aHENRY C. BEUMLER, CPT. MSC ASST. REGISTRAR	DR. ZOPAN ZORIC, CIV PHYSICIAN

AE FORM 360 14 FEB 68   PREVIOUS EDITIONS ARE OBSOLETE.

ANZEIGE DER GEBURT EINES KINDES AMERIKANISCHER ELTERN, DAS IM AUSLAND GEBOREN WURDE
(USAREUER Reg 40-3)

ICH BESCHEINIGE HIERMIT, DASS ▮▮▮▮▮▮▮▮▮▮ männlich
(voller Name des Kindes) (Geschlecht)

AM 24. November 1971   um 8:35 Uhr   in USAGH LANDSTUHL APO 09180   GEBOREN WURDE; GEWICHT: 2918.
(Datum)   (Zeit)   (Geburtsort, vollständig)   (Gramm)

Nachstehende Angaben wurden von Vater und/oder Mutter vorgelegt:

ORT DER EHESCHLIESSUNG	DATUM DER EHESCHLIESSUNG	ANZAHL DER LEBEND GEBORENEN KINDER AUS DIESER EHE
Pirmasens, Deutschland	19. Januar 1970	1

VATER

VOLLER NAME		KONFESSION
▮▮▮▮▮▮▮▮▮▮	Kaukasisch	Katholisch

BESCHÄFTIGUNG	RANG	GEGENWÄRTIGE EINHEIT
US-Armee	a. D.	(keine Angaben)

GEBURTSORT	GEBURTSDATUM
Cleveland, Ohio	3. November 1930

FALLS IM AUSLAND GEBOREN, EINGEBÜRGERT UND ALS AMERIKANISCHER STAATSANGEHÖRIGER EINGETRAGEN	EINTRAGUNGSORT	EINTRAGUNGSDATUM
☐ JA Nicht zutreffend ☐ NEIN	Nicht zutreffend	Nicht zutreffend

REISEPASS NUMMER	AUSGESTELLT DURCH	AUSSTELLUNGSDATUM	ABLAUFDATUM
Nicht zutreffend	Nicht zutreffend	Nicht zutreffend	Nicht zutreffend

GEGENWÄRTIGER WOHNSITZ
Pirmasens, Wildstraße 18 / Pfalz, Deutschland

GENAUE WOHNORTE UND ZEITRÄUME SEIT DER GEBURT (Gegebenenfalls Rückseite verwenden)
1930-1945 Cleveland, Ohio   1971-heute a. D. in Deutschland
1945-1949 Eastport, Michigan
1949-1950 Cleveland, Ohio
1950-1971 in der US-Armee, innerhalb der USA und im Ausland

MUTTER

VOLLER NAME		KONFESSION
▮▮▮▮▮▮▮▮▮▮	Kaukasisch	Baptistisch

BESCHÄFTIGUNG	RANG	GEGENWÄRTIGE EINHEIT
Hausfrau	Nicht zutreffend	Nicht zutreffend

GEBURTSORT	GEBURTSDATUM
Mannheim / Rheinau, Deutschland	10. Juni 1949

FALLS IM AUSLAND GEBOREN, EINGEBÜRGERT UND ALS AMERIKANISCHER STAATSANGEHÖRIGER EINGETRAGEN	EINTRAGUNGSORT	EINTRAGUNGSDATUM
☐ JA ☒ NEIN	Bundesrepublik Deutschland	Nicht zutreffend

REISEPASS NUMMER	AUSGESTELLT DURCH	AUSSTELLUNGSDATUM	ABLAUFDATUM
B 8656055	Deutsches Generalkonsulat, Los Angeles, Kalifornien	19. April 1971	5. Juni 1976

GEGENWÄRTIGER WOHNSITZ
Pirmasens, Wildstraße 18 / Pfalz, Deutschland

GENAUE WOHNORTE UND ZEITRÄUME SEIT DER GEBURT (Gegebenenfalls Rückseite verwenden)
1949-1950 Mannheim, Deutschland   1970-heute mit Ehemann in der
1950-1966 Pirmasens, Deutschland   US-Armee, a. D. in Deutschland
1966-1967 Houston, Texas
1967-1970 Pirmasens, Deutschland

URKUNDSBEAMTER	ANWESENDER ARZT
aHENRY C. BEUMLER, CPT. MSC. STELLV. URKUNDSBEAMTER	DR. ZORAN ZORIC, ZIVILER ARZT
(Unterschrift unleserlich)	*(Unterschrift unleserlich)*
(Unterschrift) (Rang) (Korps)	(Unterschrift) (Rang) (Med. Korps)

Nr. 1400   B

Neunkirchen (Saar), den 8. August 1966

████████████████████████████████ geborene ████████

Studentin der Medizin, ──────────────── katholisch,

wohnhaft bei ihrem Ehemanne, ─────────────────────

Ehefrau des Studenten der Medizin ────────────────

██

──────────────────────────── israelitisch, ───────

wohnhaft in Spiesen (Saar), Pastor-Kollmann-Straße 15,

hat am 02. August 1966 ─────────── um 21 Uhr 13 Minuten

in Neunkirchen (Saar), im St.Josefskrankenhause ────

ein ~~en Knaben~~ Mädchen geboren. Das Kind hat die ────── Vornamen

████████████████████████████

erhalten.

Eingetragen auf ~~mündliche~~ schriftliche Anzeige des St.Josefskrankenhauses Neunkirchen (Saar). Ein Wort und zwei Buchstaben gestrichen. ─────────────────────────────

~~persönlich bekannt~~ ausgewiesen durch ──────────────

──

~~Vorgelesen, genehmigt und unterschrieben~~

Der Standesbeamte

[signature]

Die Übereinstimmung der Fotokopie mit dem Eintrag
im Personenstandsbuch des Standesamts Neunkirchen (Saar)
wird hiermit beglaubigt.
Die Fotokopie enthält keinen/(.... Randvermerk(e).
Neunkirchen (Saar), den 0 7. AUGUST 1985
Der Standesbeamte

[stamp: Der Standesbeamte in Neunkirchen] [signature]

No. 1408

B

Neunkirchen (on the Saar), 8 August 1966

████████████████████████████████   née ███████,
medical student, -------------------------------   Catholic,
resident   with her husband, ---------------------------------------
wife of   the medical student --
████████████████████████████████ ---------------------------------------
-- Israeli, -----------
resident at   Spiesen (on the Saar), Pastor-Kollmann-Strasse 15, -----------------

gave birth to a ~~boy~~ girl on   2 August 1966 ------------------- at 9:13 pm
at Neunkirchen (on the Saar), St. Josefskrankenhaus (St. Josef hospital). The
child was given the Christian names ---------------████████████---------------------------.

The entry was made upon the ~~oral~~ written - notice of the St. Josefskrankenhaus
at Neunkirchen (on the Saar). One word and two letters were deleted. -------------

---~~personally known~~ - identified by --
                                               ~~Read aloud, approved and signed~~

The Registrar
(illegible signature)

The conformity of the photocopy with the entry in the register of births, deaths
and marriages at the civil registry office of Neunkirchen (on the Saar) is hereby
certified.

There are no marginal notes on this photocopy.

Neunkirchen (on the Saar), 7 AUGUST 1985

The Registrar
   (illegible signature)

Seal: The Registrar at Neunkirchen · 30

Abstammungsurkunde E 2

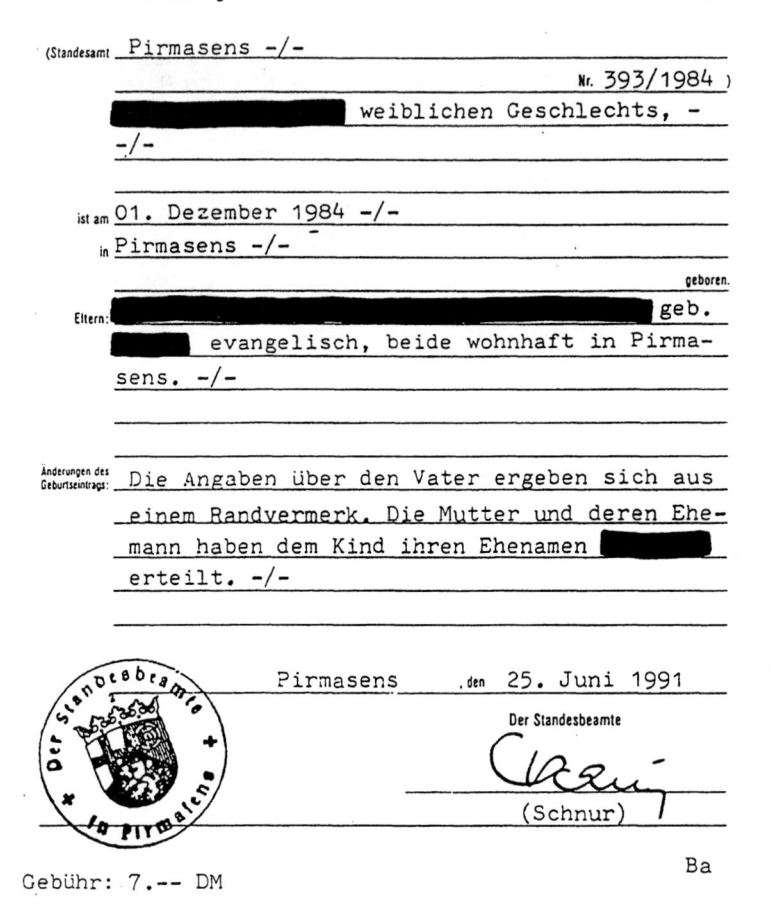

(Standesamt Pirmasens -/-

Nr. 393/1984)

▬▬▬▬▬ weiblichen Geschlechts, -
-/-

ist am 01. Dezember 1984 -/-
in Pirmasens -/-

geboren.

Eltern: ▬▬▬▬▬▬▬▬▬▬▬▬▬▬▬ geb.
▬▬▬ evangelisch, beide wohnhaft in Pirmasens. -/-

Änderungen des Geburtseintrags: Die Angaben über den Vater ergeben sich aus einem Randvermerk. Die Mutter und deren Ehemann haben dem Kind ihren Ehenamen ▬▬▬ erteilt. -/-

Pirmasens , den 25. Juni 1991

Der Standesbeamte

(Schnur)

Gebühr: 7.-- DM

Ba

Certificate of origin   E 2

(Registry Office: Pirmasens -/-   N° 393/1984)

                            ▓▓▓▓▓▓ , sex: female, -
                            -/-
was born on   1st December 1984 -/-

         in   Pirmasens -/-

     Parents: ▓▓▓▓▓▓▓▓▓▓▓▓▓▓▓ Haut▓▓ Giese,
               both resident in Pirmasens. -/-

Alterations to
the birth record: Information on the father is given in a marginal note. The
                   mother and her husband gave the child their married name
                   "▓▓▓". -/-

                        Pirmasens, 25th June 1991

                        The Registrar
                        (signature illegible)

                        (Schnur)

Seal: The Registrar
       in Pirmasens

Fees: 7.00 DM   Ba

TRANSLATION OFFICE
BUREAU DE TRADUCTION
UFFICIO TRADUZIONI

Yeshimebet Tesfaye Sahile
Addis Ababa, Ethiopia
Stadium Building No. 7
Tel. 15 71 04
P. O. Box 6127

UBERSETZUNG'S BüRO

Region 14 Administration
Woreda 3, kebele 34
Administrative Office

No. Region 14/w.3/k.34/187/95
Date — JUNE 2/1995

To :— Region 14 Administration
    Marriage and Birth Registration Section
    <u>Addis Ababa</u>

███████████████████████████ who is a resident of our kebele in house no. 015, has reguested us, stating that, a letter, which explaines that he has not been married and established a family both now and previously, should be written and be given to him. Therefore, stating that we have attached, along with this covering letter, the correct copy of the statmen of testimony, provided by three witnesses, who appeared before our kebele social affairs court and which has confirmed that the applicant has neither now nor prieviously been married and established a family, and request that the necssary coopration be extended to him.

With kindly regards

Signed and sealed

YESHIMEBET TESFAYE
Translator

Date - June 2/1995

The applicant - ███████████████ having been present his witnesses provided their statment of testimony.

1/ The first witness :- ███████████████ age- 45 years occupation- house wife, address- woreda 3, kebele 34, house no. 054. I know the applicant ever since he was a child. I know that he has not been married and established a family neither now, nor previously.

                                                Signature

                                          - signed

2/ The second witness :- ███████████████ age- 35 years, occupation- Driver, address- woreda 3, kebele 34, house no. 315. I have known the applicant for many years. I know that he has not been married and established, a family, neither now, nor preivously.

                                                Signature

                                          - signed

3/ The third witness :- ███████████████ age- 32 years occupation- Driver, address- woreda 3, kebele 34, house no. 058. I know the applicant. I know that he has not been married and established a family neither now, nor preivously.

                                                Signature

                                          - signed

KESHIMEBET TESFAYE
Translator

D E C E S I O N

Since the applicant ▮▮▮▮▮▮▮▮▮▮, who is a resident of woreda 3, kebele 34, house no. 015 has confirmed by three legal witnesses that he has not been married and established a family neither now, nor preivously, we have decieded that the correct copy should be transmitted for him to the concerned office.

Signed and sealed

Signed   Signed   Signed

A member   Chairman   A member

TESHIMEBET TESFAYE
Translator

Logo: ÜBERSETZUNGSBÜRO

Yeshimebet Tesfaye Sahile
Addis Abeba, Äthiopien
Stadium Building Nr. 7
Tel.: 15 71 04
Postfach 6127

Region 14 Verwaltung
Woreda 3, kebele 34
Verwaltungssekretariat

Nr. Region 14/w.3/k.34/187/95
Datum: 2. JUNI 1995

An: Region 14 Verwaltung
Abteilung für die Eintragung von Eheschließungen und Geburten
Addis Abeba

▮▮▮▮▮▮▮▮▮▮ der in unserem kebele in Haus Nr. 015 wohnhaft ist, hat uns gebeten, einen Brief zu schreiben und ihm zu übergeben, indem erklärt wird, daß er weder jetzt noch zu einem früheren Zeitpunkt verheiratet ist bzw. war und eine Familie gegründet hat. Daher haben wir diesem Begleitschreiben die korrekte Abschrift der Zeugenaussage dreier Zeugen beigefügt, die vor dem Sozialgericht unseres kebele erschienen sind, wodurch bestätigt wird, daß der Antragsteller weder jetzt noch zu einem früheren Zeitpunkt verheiratet ist bzw. war und eine Familie gegründet hat. Und wir bitten darum, ihn bei seinem Vorhaben zu unterstützen.

Mit freundlichen Grüßen

Unterzeichnet und gesiegelt

(Unterschrift unleserlich)

Stempel: YESHIMEBET TESFAYE
Übersetzer

Ovaler Stempel: ADDIS ABEBA
ÜBERSETZUNGSBÜRO

Gegründet 1968 von Tesfaye Sahile Mekuanint

(S. 2)

Datum: 2. Juni 1995

In Anwesenheit des Antragstellers ▮▮▮▮▮▮▮, haben seine Zeugen ihre Zeugenaussage abgegeben.

1/ Erster Zeuge: ▮▮▮▮▮▮▮ Alter: 45 Jahre, Beruf: Hausfrau, Anschrift: woreda 3, kebele 34, Haus Nr. 054. Ich kenne den Antragsteller seit seiner Kindheit. Ich weiß, daß er nicht verheiratet war und keine Familie gegründet hat, weder jetzt noch früher.

Unterschrift
- gezeichnet

2/ Zweiter Zeuge: ▮▮▮▮▮▮▮, Alter: 35 Jahre, Beruf: Kraftfahrer, Anschrift: woreda 3, kebele 34, Haus Nr. 315. Ich kenne den Antragsteller seit vielen Jahren. Ich weiß, daß er nicht verheiratet war und keine Familie gegründet hat, weder jetzt noch früher.

Unterschrift
- gezeichnet

3/ Dritter Zeuge: ▮▮▮▮▮▮▮, Alter: 32 Jahre, Beruf: Kraftfahrer, Anschrift: woreda 3, kebele 34, Haus Nr. 058. Ich kenne den Antragsteller. Ich weiß, daß er nicht verheiratet war und keine Familie gegründet hat, weder jetzt noch früher.

Unterschrift
- gezeichnet

Ovaler Stempel: ADDIS ABEBA
ÜBERSETZUNGSBÜRO

(Unterschrift unleserlich)
Stempel: YESHIMEBET TESFAYE
Übersetzer

(S. 3)

- 2 -

BESCHLUSS

Da der Antragsteller ▮▮▮▮▮▮▮, wohnhaft in woreda 3, kebele 34, Haus Nr. 015, durch drei rechtmäßige Zeugen bestätigt hat, daß er weder jetzt noch zu einem früheren Zeitpunkt verheiratet ist bzw. war und eine Familie gegründet hat, haben wir beschlossen, die korrekte Abschrift für ihn an die zuständige Stelle weiterzuleiten.

Unterzeichnet und gesiegelt

gezeichnet	gezeichnet	gezeichnet
Mitglied	Vorsitzender	Mitglied

Ovaler Stempel: ADDIS ABEBA
ÜBERSETZUNGSBÜRO

(Unterschrift unleserlich)
Stempel: YESHIMEBET TESFAYE
Übersetzer

IN THE JUDICIAL SERVICE OF GHANA, ACCRA.

I, COMMANDER FREDERICK CHARLES GUGGISBERG LOKKO (RTD),

Administrative Secretary of the Judicial Service of Ghana,

DO HEREBY CERTIFY that GIDEON KWEIKUMA QUAYE, Esquire, whose

Signature and Seal appear on the 'STATUTORY DECLARATION BY

▬▬▬▬▬▬ dated 31st day of August, 1988, is a Notary

Public of Ghana, and that to all Acts, Instruments,

Documents and Writings subscribed by him in that capacity

full faith and credence are given in Ghana, in Courts and

thereout.

Given under my hand and the Seal of
the High Court this 2ⁿᵈ day of
September, In the Year of Our
Lord, One Thousand, Nine
Hundred and Eighty-Eight
(1988)

IN THE SUPERIOR COURT OF JUDICATURE
THE HIGH COURT OF JUSTICE
ACCRA-GHANA. A.D. 1988

IN THE MATTER OF STATUTORY DECLARATION OF
SPINSTERSHIP OF ▓▓▓▓▓▓▓▓

I, ▓▓▓▓▓▓▓▓ of House No. 50, Kumasi in the Ashanti Region of Ghana make oath and solemnly declare as follows:-

1. That I am the Declarant herein and Ghanaian by birth and Nationality.

2. That I am the father of ▓▓▓▓▓▓▓▓ who was born on the 16th October, 1964 at Kumasi aforesaid to my wife ▓▓▓▓▓▓▓▓

3. That my daughter left Ghana unmarried and has ever since Remained Single and Lived as a SPINSTER.

4. That my said daughter has Never been engaged by any man, neither has she my Bethrothal.

5. That I testify in my capacity as the Legitimate father herein that my daughter ▓▓▓▓▓▓▓▓ is a Spinster and therefore eligible to contract any Lawful Marriage with any man of her choice from any part of the world.

6. AND, I therefore make the above declaration believing same to be true and correct in accordance with the provision of the Statutory Declaration Act 1971 (ACT 389).

DECLARED IN ACCRA THIS 31st)
DAY OF AUGUST, 1988.   )
)   D E C L A R A N T

GIDEON KWEIKUMA QUAYE

I, ▓▓▓▓▓▓▓▓ NOTARY PUBLIC duly admitted for life and sworn and practising in pursuance of the Statutory Declarations Act of 1971 do hereby certify that the person named in the above declaration did come and appear before me and duly and solemnly declare to the truth thereof.

JUSTIZDIENST GHANAS, ACCRA

Ich, COMMANDER FREDERICK CHARLES GUGGISBERG LOKKO (a. D.), Verwaltungssekretär des Justizdienstes Ghanas, BESCHEINIGE HIERMIT, daß Herr GIDEON KWEIKUMA QUAYE, dessen Unterschrift und Siegel auf der "UNEIDLICHEN VERSICHERUNG VON ▬▬▬▬ vom 31. August 1988 erscheinen, in Ghana Notar ist und daß alle Rechtshandlungen, Urkunden, Dokumente und Schriftstücke, die von ihm in dieser Eigenschaft unterzeichnet werden, in Ghana gerichtlich und außergerichtlich voll anerkannt werden.

Von mir eigenhändig unterzeichnet und mit dem Siegel des Obersten Gerichts versehen, den
2. September im Jahre des Herrn neunzehnhundertachtundachtzig
(1988)

(Unterschrift unleserlich)
VERWALTUNGSSEKRETÄR

Prägesiegel: OBERSTER GERICHTSHOF DER JUSTIZGEWALT
              (Wappen)
              GHANA
              Oberstes Gericht

(S. 2)

32

IM OBERSTEN GERICHTSHOF DER JUSTIZGEWALT OBERSTES GERICHT ACCRA, GHANA: 1988 a.d. _____	Stempel: Betrag 500.00 Beleg Nr. 29645 Datum: 1.9.88

IN SACHEN UNEIDLICHE VERSICHERUNG DER
      LEDIGKEIT VON ▬▬▬▬▬▬

Ich, ▬▬▬▬, Haus Nr. 50, Kumasi im Ashanti-Gebiet Ghanas, beschwöre und erkläre feierlich:

1.   Daß ich der Erklärende bin und von Geburt und Staatsangehörigkeit Ghanaer bin.
2.   Daß ich der Vater von ▬▬▬▬, die am 16. Oktober 1964 im genannten Kumasi von meiner Ehefrau ▬▬▬▬ geboren wurde, bin.
3.   Daß meine Tochter Ghana als unverheiratete Frau verlassen hat und seitdem ledig geblieben ist und als UNVERHEIRATETE FRAU gelebt hat.
4.   Daß besagte Tochter niemals mit einem Mann verlobt gewesen ist, noch von mir verlobt wurde[1].
5.   Daß ich in meiner Eigenschaft als ehelicher Vater bezeuge, daß meine Tochter ▬▬▬▬ unverheiratet ist und daher jede rechtmäßige Ehe mit einem Mann ihrer Wahl aus jedem beliebigen Teil der Welt eingehen darf.
6.   Aus diesem Grund gebe ich obige Versicherung ab in dem Glauben, daß diese wahrheitsgetreu und korrekt ist in Übereinstimmung mit der Verfügung des Gesetzes über Uneidliche Versicherungen von 1971 (GESETZ 389).

ERKLÄRT IN ACCRA AM HEUTIGEN   )

31. AUGUST 1988   )   (Unterschrift unleserlich)
)   ERKLÄRENDER

Ich, (Stempel:) GIDEON KWEIKUMA QUAYE, NOTAR, ordnungsgemäß zugelassen auf Lebenszeit, vereidigt und praktizierend gemäß Gesetz über Uneidliche Versicherungen von 1971, bescheinige hiermit, daß die in obiger Erklärung genannte Person vor mir erschienen ist und ordnungsgemäß und feierlich die Richtigkeit vorstehender Angaben erklärt hat.

(Unterschrift unleserlich)
NOTAR

Prägesiegel: OBERSTER GERICHTSHOF DER JUSTIZGEWALT
               (Wappen)
               GHANA
               Oberstes Gericht

Prägesiegel: G. K. QUAYE
               GHANA
               NOTAR

(Die Seiten sind mit einem roten Band zusammengeheftet.)

---

[1] Anm. d. Übers.: Unklar im Original.

Marriage Registry
Hong Kong

MARRIAGE ORDINANCE (CAP. 181)
MARRIAGE REFORM ORDINANCE (CAP. 178)

No. 266806

I HEREBY CERTIFY that I have caused a search to be made of all records maintained under the above Ordinance and that there is no record of a marriage (see NOTE) having taken place between ▊▊▊ (▊▊▊) (holding Hong Kong Identity Card No. ▊▊▊) issued on 13.9.1990. and first issued on 9.8.83 ....) and any other person during the period from 15th September, 1945 to 26th April 1993.

Dated this 28th day of May 19 93.

LI Tit-hung
Deputy Registrar of Marriages

Fee Paid: HK$120.00

NOTE

This certificate covers:–

(1) marriages registered under the Marriage Ordinance, which applies to all marriages celebrated in Hong Kong except non-Christian customary marriages duly celebrated according to the personal law and religion of the parties;

(2) non-Christian customary marriages duly celebrated according to the personal law and religion of the parties and post-registered under the Marriage Reform Ordinance.

The certificate does not cover non-Christian customary marriages which the parties have not post-registered under the Marriage Reform Ordinance.

M.R. 38 (Rev. 3/91)

Standesamt
Hongkong   Nr. 266806

EHEVERORDNUNG (GES.SAMMLG. 181)
EHEREFORMVERORDNUNG (GES.SAMMLG. 178)

ICH BESCHEINIGE HIERMIT, daß ich Nachforschungen in allen Unterlagen, die gemäß obiger Verordnung geführt werden, veranlaßt habe und daß zwischen dem 15. September 1945 und dem 25. April 1993 keine Eintragung einer Eheschließung (siehe ANMERKUNG) von ▓▓▓▓ (Personalausweis Hongkongs Nr. ▓▓▓▓, ausgestellt am 13.9.1990, erste Ausstellung 9/83) und einer anderen Person vorgenommen wurde.

Den 19. Mai 1993

         (Unterschrift unleserlich)
         LI Tit-hung
         Stellvertretender Standesbeamter

Siegel: EINWANDERUNGSBEHÖRDE-YUEN LONG STANDESAMT
    HONGKONG

Gebühren entrichtet: HK$ 120,00

ANMERKUNG

Diese Bescheinigung gilt für

(1) Eheschließungen, die gemäß der Eheverordnung eingetragen wurden, welche auf alle in Hongkong vorgenommenen Eheschließungen Anwendung findet, außer auf nicht-christliche herkömmliche Eheschließungen, die rechtmäßig gemäß dem persönlichen Immunitätsrecht und der Religion der Parteien vorgenommen wurden.

(2) nicht-christliche herkömmliche Eheschließungen, die rechtmäßig gemäß dem persönlichen Immunitätsrecht und der Religion der Parteien vorgenommen und nachträglich gemäß der Ehereformverordnung eingetragen wurden.

Diese Bescheinigung gilt nicht für nicht-christliche herkömmliche Eheschließungen, die die Parteien nicht gemäß der Ehereformverordnung nachträglich haben eintragen lassen.

Affidavit

I, ███████ son of ███████ resident of VPO. Bajrawar. Teh & Distt. Hoshiarpur, do hereby solemnly affirm and declare as under:-

1. That I am Sarpanch of the village Gram panchayat. Bajrawar. Distt. Hoshiarpur.

2. That ███████ son of ███████ who is personally known to me, born on dt: 22.7.1972. (Twenty second of July, One thousand nine hundred and seventy two) at HOSHIARPUR. vill. Bajrawar. Distt. Hoshiarpur.

3. That the said ███████ is presently residing in Germany. He is still unmarried and was not married in India before leaving for Germany.

4. That I being Sarpanch of the village and as per my knowledge knows that his date of birth is correct and he has never been married in India.

Gram Panchayat
Bajrawar (Hoshiarpur)
Deponent.

Verification:
Verified that the contents stated above are true and correct to the best of my knowledge and belief and nothing been kept concealed there in.

Hoshiarpur, Punjab, India,
19.4.93.

Attested as Identified
Executive Magistrate
Deponent.

EINE RUPIE

INDIEN

EINE RUPIE

Eidesstattliche Versicherung

Ich, ███████ Sohn von ███████, wohnhaft in VPO. Bajrawar, Tehsil und Bezirk Hoshiarpur, erkläre und bekräftige hiermit feierlich:

1. daß ich Sarpanch des Dorfes Grampanohayat, Bajrawar, Bezirk Hoshiarpur, bin.

2. daß ███████ Sohn von ███████ der mir persönlich bekannt ist, am 22.7.1972 (zweiundzwanzigster Juli neunzehnhundertzweiundsiebzig) im Dorf Bajrawar, Bezirk Hoshiarpur, geboren wurde.

3. daß besagter ███████ gegenwärtig in Deutschland wohnhaft ist. Er ist noch unverheiratet und war in Indien bis zu seiner Abreise nach Deutschland keine Ehe eingegangen.

4. daß ich als Sarpanch des Dorfes und nach meinen Informationen weiß, daß sein Geburtsdatum korrekt ist und daß er in Indien noch keine Ehe eingegangen ist.

                  (Unterschrift unleserlich)
              Stempel: (1. und 2. Zeile unleserlich)
                     Bajrawar (Hoshiarpur)
                     Eidesstattlich Erklärender

Beglaubigung:

Ich bescheinige hiermit, daß das oben dargelegte nach meinem besten Wissen und Gewissen wahr und korrekt ist und daß in der vorliegenden Erklärung keine Informationen zurückgehalten wurden.

Hoshiarpur, Pandschab, Indien
19.4.93

                  (Unterschrift unleserlich)
                  (Stempel unleserlich)
                  Eidesstattlich Erklärender

Stempel: Beglaubigung der Identität
     (Unterschrift unleserlich)
     Leitender Verwaltungsbeamter

Siegel: LEITENDER VERWALTUNGSBEAMTER
    HOSHIARPUR

Stempel am linken Rand oben:

  Regierung des Pandschab
  Nr. 2771 vom 29.4.93
  Die Unterschriften des Stellvertretenden Behördenleiters werden hiermit LEGALISIERT.
  (Unterschrift unleserlich)

  Staatssekretär der Pandschab-Regierung
  Abteilung für Inder im Ausland, Chandigarh

Stempel am linken Rand Mitte:

  Gegengezeichnet (Unterschrift unleserlich)
  Stellvertretender Behördenleiter
  HOSHIARPUR
  19.4.93

Handschriftliche Bemerkungen:

  1239/ST/GA
  19.4.93

  Der Erklärende ist mir persönlich bekannt und hat in meiner Anwesenheit unterzeichnet.
  (Unterschrift unleserlich)

Ambassade de la République du Cameroun
L'Ambassadeur

Embassy of the Republic of Cameroon
The Ambassador

RHEINALLEE 76
53173 BONN

BONN, le 29. Juni 1995

N° 054 /CAO/ACB/AC.-

CERTIFICATE OF ABSENCE OF OPPOSITION

WE, the Ambassador of Cameroon in the Federal Republic of Germany, do hereby certify that the marriage banns of:

Mr. ....
born on 12th June 1966 .... in Ndoungué ....
And Miss .... born ....
born on 17th November 1952 .... in Dudweiler ....
Were published from 29th May .... to 29th June 1995
and no opposition was registered.

In testimony whereof the present certificate is issued to serve as the need arises./-

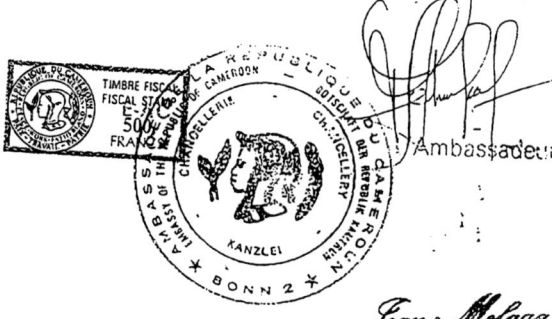

Ambassadeur

Jean Melaga

Botschaft der Republik Kamerun
Der Botschafter

(Wappen)

Rheinallee 76
53173 Bonn

Bonn, den 29. Juni 1995

Nr. 054/CAO/ACB/AC

BESCHEINIGUNG ÜBER DAS FEHLEN VON EINSPRÜCHEN

WIR, der Botschafter Kameruns in der Bundesrepublik Deutschland, bescheinigen hiermit, daß das Eheaufgebot von:

Herrn ███████████,
geboren am   12. Juni 1966   in   Ndoungué,
und Fräulein ███████, geborene ███████
geboren am   17. November 1952   in   Dudweiler,
vom   29. Mai bis   29. Juni 1995   öffentlich ausgehängt war und daß keine Einwände registriert wurden.

Zu Urkund dessen wird die vorliegende Bescheinigung zur Vorlage bei den zuständigen Stellen ausgestellt.

(Unterschrift unleserlich)
Stempel: Der Botschafter

Stempel: Jean Melaga

(Gebührenmarke der Republik Kamerun
im Wert von 500 Francs)

Siegel in deutscher, englischer und französischer Sprache:
BOTSCHAFT DER REPUBLIK KAMERUN
        KANZLEI
        BONN 2

legitimate daughter of .... and
Mauricienne (Birth Certificate No. 305 of 1965 Moka), a Translator, residing at Quatre-Bornes, Avenue des Manguiers No. 5., born on the 26th April 1965 at Clinique

...That to our personal knowledge, she has never contracted any civil or religious marriage.

Sworn by the abovenamed deponents, at Chambers, Court House, Port-Louis, this 16th day of January 1991.

Drawn up in my Office, this 16th January 1991.

Before me,

Chief Registrar
Supreme Court

Stempel: KANZLEI ROLAND CONSTANTIN

MAURITIUS
OBERSTER GERICHTSHOF

Wir: 1: ███████████████████ Versicherungskaufmann, wohnhaft in 41 Stevenson Street, in Rose-Hill, Inhaber des mauritischen Personalausweises Nr ███████████, ausgestellt am 31. Mai 1989 und 2. ███████████████
Ingenieur, wohnhaft in der Jaundally Avenue, Roche Brunes, Inhaber des mauritischen Personalausweises Nr. ███████████, ausgestellt am 17. August 1989.

Erklären unter Eid:

Daß wir Fräulein ███████████████████, allgemein ███████ ███████ genannt, (eheliche Tochter von ███████████ und ███████████████), welche am 26. April 1965 in der Klinik Mauricienne (Geburtsurkunde Nr. 305 von 1965 aus Moka) geboren wurde, Übersetzerin, wohnhaft in Quatre-Bornes, Avenue des Manguiers Nr. 5, gut kennen und mit ihr bestens vertraut sind.

Daß sie nach unserem persönlichen Wissen niemals eine standesamtliche oder eine kirchliche Ehe eingegangen ist.

Beschworen von den oben erwähnten Erklärenden vor den Mitgliedern des Gerichts, Port-Louis, am heutigen 16. Januar 1991.	(Unterschrift unleserlich) (Unterschrift unleserlich)
Angefertigt in meinem Büro, am heutigen 16. Januar 1991.	In meiner Gegenwart

Stempel in französischer Sprache:
        RA Roland Constantin
        Notar
        Port Louis
        Mauritius

(Unterschrift unleserlich) Roland Constantin Notar	(Unterschrift unleserlich) Oberster Urkundsbeamter Oberster Gerichtshof

IN THE MAGISTRATE COURT OF
LAGOS STATE HOLDEN AT IGBOSERE

AFFIDAVIT OF BACHELORHOOD

I ███████ MALE, CHRISTIAN, CITIZEN OF THE FEDERAL REPUBLIC OF NIGERIA, RESIDING AT NO 13 OYEWUNMI CLOSE, SURULERE, LAGOS DO HEREBY MAKE AN OATH AND SAY AS FOLLOWS:

1. That I am the Father of ███████

2. That the said ███████ was born on the 14th day of December, 1964 in Ogbeson Village, in Oredo Local Government area of Bendel State of Nigeria.

3. That since his birth he has not been engaged or married to any girl or women because of his academic pursuit.

4. That the general public should please take note.

5. And that I made this affidavit conscientiously believing same to be true and correct in accordance with the Lagos State Statutory Declaration Law of 1973.

DEPONENT

Sworn to at the Magistrate Court, Igbosere, Lagos State this ......17..... day of January 1991.

The Foregoing having been read over to the illitrate deponent in Edo language he seemed perfectly derstand before affixing her right thumb impression.

Interpreter

BEFORE ME
COMMISSIONER FOR OATHS

IM GERICHT DES STAATES LAGOS ZU IGBOSERE

EIDESSTATTLICHE VERSICHERUNG ÜBER DEN JUNGESELLENSTATUS
(Ehefähigkeitszeugnis)

ICH, ███████████, MÄNNLICH, CHRIST, BÜRGER DER BUNDESREPUBLIK NIGERIA, WOHNHAFT IN NR. 13 OYEWUNMI CLOSE, SURULERE, LAGOS, MACHE HIERMIT UNTER EID FOLGENDE AUSSAGE:

1. Daß ich der Vater von ███████ bin.

2. Daß besagter ███████ am 14. Dezember 1964 im Dorf Ogbeson, Verwaltungsbezirk Oredo, Bundesstaat Bendel, Nigeria, geboren wurde.

3. Daß er seit seiner Geburt - auf Grund seiner akademischen Laufbahn - einem Mädchen oder einer Frau weder versprochen wurde noch eine Ehe eingegangen ist.

4. Daß die Öffentlichkeit davon Kenntnis nehmen soll.

5. Daß ich diese eidesstattliche Versicherung in dem festen Glauben, daß sie wahrheitsgetreu und richtig ist, in Übereinstimmung mit dem Gesetz des Staates Lagos über Eidesstattliche Versicherungen von 1973 abgebe.

Rechter Daumenabdruck
(Daumenabdruck des Erklärenden)
ERKLÄRENDER: ███████

Beschworen am Amtsgericht zu Igbosere, Staat Lagos, am heutigen 17. Januar 1991.
Stempel:
VOR MIR,
NOTAR
(Unterschrift unleserlich)

NOTAR
(Unterschriftsstempel unleserlich)

Der obige Text wurde dem des Lesens unkundigen Erklärenden in der Edo-Sprache vorgelesen, und er schien ihn vollständig verstanden zu haben, bevor er den Abdruck seines [1] rechten Daumens anbrachte.

(Unterschrift unleserlich)
Dolmetscher

Siegel: AMTSGERICHT LAGOS
(Dienststelle unleserlich)

(Unterschrift unleserlich)
JL 17892
17.1.91

[1] Fehler in der Originalurkunde: Es handelt sich um den Vater, also "er" und "seines".

FEDERAL MINISTRY OF INTERNAL AFFAIRS

MARRIAGE REGISTRY .... DIVISION

19, KINGSWAY ROAD, IKOYI

P.M.B. No. 12595
Telegrams: SECINTAL
Telephone: 682298

Ref. No. MIA/M.18/T4/470
Date 28th November, 1990

TO WHOM IT MAY CONCERN

DOCUMENTARY EVIDENCE: ▬▬▬▬▬▬▬▬▬▬▬▬▬▬

This is to certify that having checked through our records Mr. ▬▬▬▬▬▬▬▬▬▬▬ does not appear on our record as being married.

Our records do not reveal any Census or other official record indicating that Mr. ▬▬▬▬▬▬▬▬▬▬▬ was married under the marriage ordinance.

I. ADESANYA (MRS)
REGISTRAR OF MARRIAGES
IKOYI, LAGOS.

REGISTRAR OF MARRIAGES
LAGOS — NIGERIA

REG. AHTMANN

BUNDESMINISTERIUM FÜR INNERE ANGELEGENHEITEN

ABTEILUNG HEIRATSEINTRAGUNGEN
19, KINGSWAY ROAD, IKOYI

(Wappen unleserlich)

P.M.B. -Nr. 12595 Ref.-Nr. MIA/M.18/T4/470
Telegramm-Adresse: SECINTAL
Telefon: 682298 Datum: 28. November 1990

ZUR VORLAGE BEI ALLEN ZUSTÄNDIGEN STELLEN

BEWEISURKUNDE: ███████████████████

Hiermit wird - nach Überprüfung unserer Eintragungen - bescheinigt, daß Herr ███████████████ hierin nicht als verheiratet geführt wird.

Unsere Register weisen weder einen Volkszählungsvermerk noch eine andere amtliche Eintragung auf, aus welchen hervorginge, daß Herr ███████████████ eine Ehe gemäß Eheverordnung geschlossen hätte.

          (Unterschrift unleserlich)
          (Frau) I. ADESANYA
          STANDESBEAMTIN, ZUSTÄNDIG
          FÜR EHESCHLIESSUNGEN
          IKOYI, LAGOS

(Unterschrift unleserlich)
STANDESBEAMTIN, ZUSTÄNDIG
FÜR EHESCHLIESSUNGEN
LAGOS - NIGERIA

(Legalisierungsvermerk und Siegel des Konsulats der Bundesrepublik Deutschland in Lagos in deutscher Sprache)

DEPARTMENT OF FOREIGN AFFAIRS
Manila

TO ALL WHOM THESE PRESENTS SHALL COME, GREETINGS:

I, _PANOLITO C. RUEDAS_, Authentication Officer of the Department of Foreign Affairs, do hereby certify that _QUIRINO C. SAGARIO_, whose name appears signed in the attached certificate, was at the time of signing, _Attorney V_ Presidential Staff Officer: _____ Office of the President, Malacañang, Manila, duly appointed and qualified to sign the certificate, and that full faith and credit may be given to her/his acts.

For the contents of the annexed document(s), the Department assumes no responsibility.

I FURTHER CERTIFY that I am familiar with her/his handwriting and verily believe that the signature and seal affixed to the said certificate are genuine.

IN WITNESS HEREOF, I have hereunto set my hand at the City of Manila, Philippines, this ____ day of _____ 199_.

Authentication Officer

Annexed document(s) is/are:

Affidavit of Consent executed by ▓▓▓▓ in favor of ▓▓▓▓ Fiancee of ▓▓▓▓

Documentary Stamp (P3.00)

O.R. No. _2203_ DATE _14 October 1993,_ mba

(Not valid without DFA dry seal, red ribbon, documentary stamp and if document bears any visible physical tampering, erasures or if soiled and worn out. Authenticated document shall remain valid for one (1) year from date of issue).

B-91 N⁰ 74036

Office of the President
of the Philippines

Republic of the Philippines)
City of Manila) S.S.

I, the undersigned authentication officer, Office of the President, do hereby certify that:

MANUELA F. LORENZI
CLERK OF COURT
RTC, QUEZON CITY

whose name appears signed to the attached certificate, was at the time of signing the said certificate, duly authorized by the laws of the Philippines to sign the same, and that full faith and credit are ought to be given to his official acts; and I further certify that I am familiar with his handwriting and verily believe the signature and seal affixed to the said certificate are genuine.

IN WITNESS WHEREOF, I have hereunto set my hand at Manila, Philippines, this _____ day of _____, 19 ___

OCT 1 2 1993

Name of Applicant: _____
O.R. No. _____
Verified by: _____

QUIRINO C. SAGARIO
ATTORNEY V

B-91 N⁰ 74036

REPUBLIC OF THE PHILIPPINES
REGIONAL TRIAL COURT
NATIONAL CAPITAL JUDICIAL REGION
OFFICE OF THE CLERK OF COURT
QUEZON CITY

TO WHOM IT MAY CONCERN:

I, MANUELA F. LORENZO, Clerk of Court of this Office do hereby certify that Atty. _CARMENCITA A.R. GONZAGA_ whose signature appears on the attached document to wit:

1. AFFIDAVIT OF CONSENT executed by ▓▓▓▓▓▓ duly notarized by Atty, Carmencita A.R. Gonzaga on 12th day of October, 1993 under Doc. No. 250, Page No. 92, Book No. 150, Series of 1993.

was at the signing the same, a Notary Public within and for Quezon City, commissioned, sworned and qualified to act as such for the period from 19_92_ to 19_93_ that he/she has on file in the office a copy of his/her appointment and application as a Notary Public, that I have compared the signature to the annexed document and found no reason to believe that it is not genuine.

IN WITNESS WHEREOF, I have hereunto signed my name and affixed the seal of this Court, this 12th day of _October,_ 1993.

MANUELA F. LORENZO
Clerk of Court

Verified by:

Notarial Section

O.R. No. 1602118-3546608
Paid at Quezon City
On _October 12, 1993_

Not valied without P3.00
Documentary stamp and
Seal of this Court

... OF THE PHILIPPINES) S.S.
...ity)

AFFIDAVIT OF CONSENT

I, ▓▓▓▓▓▓▓▓▓▓▓▓▓▓ of legal age, widow, Filipino, with city postal address at No. 18-A Capuas St., Masambong Avenue, Quezon City, after having been duly sworn to under oath, depose and say:

1) That I am the lawful mother of ▓▓▓▓▓▓▓▓▓ who was born on June 20, 1967, at Calbayog City, Province of Samar, Philippines;

2) That my daughter aforesaid having reached the age of maturity (26 years old), I am giving her my full/complete consent to her intended marriage with Mr. ▓▓▓▓▓▓, a German National, which marriage shall be solemnized at Deutchland, Germany, on a later date;

3) That I stated under oath, that there is no legal impediment to their marriage as both the bride-groom to be and my daughter ▓▓▓ had all the legal capacities to marry;

4) That I further give my consent to be marriage solemnized and/or celebrated under the Laws of the Republic of Germany;

5) That in view of the death of my husband, Donato Cuadras, I am the only one executing the foregoing affidavit of consent, for all legal intent and purposes.

Affiant Sayeth No More.

Executed in Quezon City, this ▓▓▓ day of October, 1993.

▓▓▓▓▓▓▓▓▓▓▓▓
Affiant

Subscribed and Sworn to before me this ▓▓▓ day of October, 1993, in Quezon City.

ABUNDIO DE DELIM
Branch Clerk of Court
Metropolitan Trial Court
Branch 38, Rm. 302, Hall of
Justice Building, Quezon City

DOC NO. 266
PAGE NO. 54
BOOK NO. III
SERIES OF 1993

CARMENCITA A. R. GONZAGA
Notary Public
Until December 31, 1993
PTR No. 1014362/QC/1-4-93
TIN No. 137-751-238

SN A92 069280

Wappen: Republik der Philippinen

AUSSENMINISTERIUM
Manila

ZUR VORLAGE BEI DEN ZUSTÄNDIGEN STELLEN:

Ich, MANOLITO C. RUEDAS, Beamter für Legalisationen des Außenministeriums, bescheinige hiermit, daß QUIRINO C. SAGARIO, dessen Name als Unterschrift auf beigefügter Bescheinigung erscheint, zum Zeitpunkt der Unterzeichnung Bevollmächtigter V, ~~Beamter im Präsidentenstab~~, Büro des Präsidenten, Malacañang, Manila, war, ordnungsgemäß bestellt und ermächtigt, die Bescheinigung zu unterzeichnen, und daß ihre/seine Rechtshandlungen voll anerkannt werden können. Das Ministerium übernimmt keine Haftung für den Inhalt des beigefügten Dokuments (der beigefügten Dokumente).
ICH BESCHEINIGE WEITERHIN, daß ich mit ihrer/seiner Handschrift vertraut bin und wahrlich glaube, daß Unterschrift und Siegel, mit denen die besagte Bescheinigung versehen ist, echt sind.

ZUM ZEUGNIS DESSEN habe ich die vorliegende Bescheinigung am 18. Oktober 1993 in der Stadt Manila, Philippinen, eigenhändig unterzeichnet.

(Unterschrift unleserlich)
MANOLITO C. RUEDAS
Beamter für Legalisationen

Anlage(n):

Eidesstattliche Versicherung des Einverständnisses von ▬▬▬▬▬
zugunsten von ▬▬▬▬▬ Verlobte von ▬▬▬▬▬ 598146
(Unterschriftenkürzel)

Gebührenstempel Aktenzeichen 2293, DATUM 14. Oktober 1993, mba
(P3.00) (Ungültig ohne trockenes Siegel des Außenministeriums, rotes Band und Gebührenstempel, wenn das Dokument sichtbare Manipulationen oder Streichungen aufweist oder wenn es verschmutzt und abgegriffen ist. Das beglaubigte Dokument bleibt ab dem Datum der Ausstellung ein (1) Jahr gültig.)

(Prägesiegel unleserlich)

(Legalisierung der Unterschrift von MANOLITO C. RUEDAS durch die Botschaft der Bundesrepublik Deutschland in Manila angeheftet.)

(S. 2)

B-91 Nr. 74036

Wappen: Republik der Philippinen

Büro des Präsidenten der Philippinen

Republik der Philippinen) S.S.
Stadt Manila)

Ich, der unterzeichnete Beamte für Legalisationen, Büro des Präsidenten, bescheinige hiermit, daß:
Stempel:
MANUELA F. LORENZO
LEITERIN DER GESCHÄFTSSTELLE DES GERICHTS
RTC. QUEZON CITY

deren Name als Unterschrift auf beigefügter Bescheinigung erscheint, zum Zeitpunkt der Unterzeichnung der besagten Bescheinigung kraft Gesetzen der Philippinen ordnungsgemäß ermächtigt war, dieselbe zu unterzeichnen, und daß ihre amtlichen Handlungen voll anerkannt werden sollten. Ich bescheinige weiterhin, daß ich mit ihrer Handschrift vertraut bin und wahrlich glaube, daß Unterschrift und Siegel, mit denen die besagte Bescheinigung versehen ist, echt sind.
ZUM ZEUGNIS DESSEN habe ich die vorliegende Bescheinigung am (Stempel:) 12. Oktober 1993 in Manila, Philippinen, eigenhändig unterzeichnet.

Name des Antragstellers: D. L. Guades
Aktenzeichen: 88/80/16
Überprüft von: (Unterschrift unleserlich)

                    (Unterschrift unleserlich)
         Stempel: QUIRINO C. SAGARIO
                       BEVOLLMÄCHTIGTER V

B-91 Nr. 74036

(S. 3)

REPUBLIK DER PHILIPPINEN
LANDGERICHT
GERICHTSBEZIRK DER LANDESHAUPTSTADT
BÜRO DES LEITERS DER GESCHÄFTSSTELLE DES GERICHTS
QUEZON CITY

ZUR VORLAGE BEI DEN ZUSTÄNDIGEN STELLEN:

ICH, MANUELA F. LORENZO, Leiterin der Geschäftsstelle des Gerichts, BESCHEINIGE HIERMIT, daß RA CARMENCITA A. R. GONZAGA, deren Unterschrift auf beigefügtem Dokument:

1. EIDESSTATTLICHE VERSICHERUNG DES EINVERSTÄNDNISSES von ▮▮▮▮▮▮▮▮▮▮ ordnungsgemäß beurkundet von RA Carmencita A. R. Gonzaga am 12. Oktober 1993 unter Urkunden-Nr. 260, Blatt 92, Band 160, Serie 1993,

erscheint, zum Zeitpunkt der Unterzeichnung besagter Erklärung öffentlicher Beurkundungsbeamter / öffentliche Beurkundungsbeamtin in und für Quezon City war, bestellt, vereidigt und ermächtigt, während des Zeitraums 1992 bis 1993 als solcher/solche zu handeln, daß er/sie eine Abschrift seiner/ihrer Bestallungsurkunde und seines/ihres Antrags auf Bestellung als öffentlicher Beurkundungsbeamter / öffentliche Beurkundungsbeamtin in seinem/ihrem Büro archiviert hat, daß ich die Unterschrift mit dem beigefügten Dokument verglichen habe und keinen Grund zu der Annahme gefunden habe, daß sie nicht echt sei.

ZUM ZEUGNIS DESSEN habe ich die vorliegende Bescheinigung am 12. Oktober 1993 eigenhändig unterzeichnet und mit dem Siegel dieses Gerichts versehen.

              (Unterschrift unleserlich)
              MANUELA F. LORENZO
              Leiterin der Geschäftsstelle des Gerichts

Überprüft durch:

(Unterschrift unleserlich)
Beurkundungsabteilung

Gebührenmarke: 0020826000

                    (Prägesiegel unleserlich)

              Amtl. Urk. Nr. 1602148-3546608
              Gezahlt in Quezon City,
              den 12. Oktober 1993

              Ungültig ohne P3.00 Gebührenstempel und Siegel dieses Gerichts.

(S.4)

REPUBLIK DER PHILIPPINEN)
Quezon City[1]) S.S.

EIDESSTATTLICHE VERSICHERUNG DES EINVERSTÄNDNISSES

Ich ▇▇▇▇▇▇▇▇▇▇▇, volljährig, Witwe, philippinische Staatsangehörigkeit, mit städtischer Postanschrift in Nr. 18-A Capuas St., Masambong Avenue, Quezon City, erkläre hiermit und stelle fest, nachdem ich ordnungsgemäß vereidigt worden bin:

1. Daß ich die rechtmäßige Mutter von ▇▇▇▇▇▇▇▇▇ bin, die am 20. Juni 1967 in Calbayog City, Provinz Samar, Philippinen, geboren wurde;

2. Daß meine genannte Tochter volljährig ist (26 Jahre) und ich ihr mein volles Einverständnis zu ihrer beabsichtigten Eheschließung mit Herrn ▇▇▇▇▇▇▇▇ deutscher Staatsangehörigkeit, gebe, wobei die Eheschließung zu einem späteren Zeitpunkt in Deutschland vorgenommen werden soll;

3. Daß ich unter Eid aussage, daß keine rechtlichen Hinderungsgründe für ihre Eheschließung vorliegen, da sowohl der zukünftige Bräutigam als auch meine Tochter die rechtlichen Anforderungen für eine Eheschließung erfüllen;

4. Daß ich ferner mein Einverständnis dazu gebe, daß die Eheschließung nach den Gesetzen der Bundesrepublik Deutschland vorgenommen und/oder zelebriert wird;

5. Daß ich in Anbetracht des Ablebens meines Gatten, ▇▇▇▇▇▇▇▇▇▇ die einzige Person bin, die die vorstehende eidesstattliche Versicherung des Einverständnisses zur Vorlage bei den zuständigen Stellen unterfertigen kann.

Die eidesstattlich Erklärende hat keine weiteren Aussagen zu machen.

Unterfertigt am 11. Oktober 1993 in Quezon City
Stempel: 12. Oktober 1993

(Unterschrift unleserlich)

Eidesstattlich Erklärende

Unterzeichnet und beschworen in meiner Anwesenheit am 11. Oktober 1993 in Quezon City.
Stempel: 12. Oktober 1993

(Unterschrift unleserlich)
ABUNDIO DE DELIM
Abteilungsleiter der
Geschäftsstelle des Gerichts
Abteilung 38, Zi. 302, Hall of
Justice Building (Gerichtsgebäude),
Quezon City

(Unterschrift unleserlich)

Stempel:

URKUNDE NR. 260 CARMENCITA A. R. GONZAGA
BLATT 92   Öffentliche Beurkundungsbeamtin
BAND 160   Bis 31. Dezember 1993
SERIE 1993   PTR Nr. 1014962/QC/1-4-93
                TIN Nr. 137-751-238

3 Gebührenmarken:
0020825817, (unles.) 0825611, (unles.) 0825612

Stempel: 12. Oktober 1993

---

[1] Anm. d. Übers.: Zeile durch Heftung zum Teil unleserlich.

FEE PD. ST. _____ CLK. _____

MAY 6 1 48 PM '91

DAVID L. LOGSDON
HARDIN COUNTY CLERK
BY _____

Marriage License
COMMONWEALTH OF KENTUCKY

To Any Person Licensed to Celebrate Marriages:
You are hereby authorized to join together in the state of matrimony, according to the laws of the Commonwealth of Kentucky

BOOK **94**
PAGE
N° **21**

Bride's Full Name _____ ▉
Residence _____ Buchsweiler Str. 78, Pirmasens, Germany 6780
Groom's Full Name _____ ▉
Residence _____ 565th Ord. Co., APO NY 09189

	Bride	Groom
Date of Birth/Age	11-29-58 / 32	6-27-56 / 34
Place of Birth	Altdorf, Germany	Portland, Oregon
Race	White	White
Condition (single, widowed, or divorced)	Single	Single
Number of Previous Marriages	0	0
Full Name of Father	▉	▉
Full Maiden Name of Mother	▉	▉
Occupation	Nurse	U. S. Army

Are you related? **No**   If yes, what is relationship? _____

We hereby certify the above information is true to the best of our knowledge.

▉ _____ ▉ _____
Bride's Signature   Groom's Signature

Issued under my authority, as Clerk of _____ HARDIN _____
County, Kentucky, this **6th** day of **May**, 19 **91**
    DAVID L. LOGSDON _____, Clerk _____Kim Chappell_____, Deputy Clerk

Note: License void 30 days after date issued. Must be returned, completed, to County Clerk, within one month. Use only black ball point permanent ink pen or typewriter.

Stempel:
teilweise unleserlich
6. Mai 1991, 13:48
DAVID L. LOGSDON
URKUNDSBEAMTER FÜR DEN VERWALTUNGSBEZIRK HARDIN

HEIRATSERLAUBNIS

COMMONWEALTH VON KENTUCKY

(Bundesstaat Kentucky)

Register 94
Seite Nr. 21

An jede Person, die berechtigt ist, Eheschließungen vorzunehmen:
Sie werden hierdurch ermächtigt, gemäß den Gesetzen des Commonwealth von Kentucky, im Stand der Ehe zu vereinigen:

Vollständiger Name der Braut: ▓▓▓▓▓▓▓
Wohnsitz: Buchsweiler Str. 78, 6780 Pirmasens, Deutschland

Vollständiger Name des Bräutigams: ▓▓▓▓▓▓▓
Wohnsitz: 565th Ord. Co., APO NY 09189

	Braut	Bräutigam
Geburtsdatum/Alter	29.11.58 / 32	27.6.56 / 34
Geburtsort	Altdorf, Deutschland	Portland, Oregon
Rasse	weiß	weiß
Familienstand (ledig, verwitwet oder geschieden)	ledig	ledig
Anzahl der vorherigen Ehen	0	0
Vollständiger Name des Vaters	▓▓▓▓▓▓▓	▓▓▓▓▓▓▓
Vollständiger Mädchenname der Mutter		
Beschäftigung	Krankenschwester	US-Armee

Sind Sie verwandt?   nein   Falls ja, wie ist der Verwandtschaftsgrad? ———

Wir bescheinigen hiermit, daß die obigen Angaben nach bestem Wissen und Gewissen richtig sind.

▓▓▓▓▓▓▓   ▓▓▓▓▓▓▓
Unterschrift der Braut   Unterschrift des Bräutigams

Ausgestellt in meiner Eigenschaft als Urkundsbeamter für den Verwaltungsbezirk HARDIN, Kentucky, am 6. Mai 1991
DAVID L. LOGSDON, Urkundsbeamter   Unterschrift: Kim Chappell Stellv. Urkundsbeamtin

Anmerkung: Die Erlaubnis erlischt 30 Tage nach Ausstellungsdatum. Sie muß innerhalb eines Monats vervollständigt an den Urkundsbeamten zurückgesandt werden. Benutzen Sie bitte nur schwarzen dokumentenechten Dauerschreiber, oder Schreibmaschine.

Probate Court, Paulding County, OH

MARRIAGE LICENSE APPLICATION

No. 14115

In the matter of ▉▉▉▉ and ▉▉▉▉

To the Honorable Judge of the Probate Court of said County:

The undersigned respectfully makes application for a Marriage License for said parties, and upon oath states:

That said ▉▉▉▉ was ... years of age, on the 19th day of October, 19 86; his residence is Paulding, OH; his place of birth is Defiance, OH; his occupation is U. S. Army (truck driver); his father's name is ▉▉▉▉; his mother's maiden name was ▉▉▉▉; that he was not previously married, and that he has no wife living. State and County ▉▉▉▉. Date Divorced .... Case No. .... Minor Children ....

Name of former wife ....

That said ▉▉▉▉ was 18 years of age, on the 11th day of February, 19 ▉; her residence is Payne, OH .... in said Paulding County, OH; her place of birth is Van Wert, OH; her occupation is Mother; her father's name is ▉▉▉▉; her mother's maiden name was ▉▉▉▉; that she was not previously married, and is not a widow or divorced woman, her married name being ▉▉▉▉ and that she has no husband living. State and County ▉▉▉▉. Date Divorced .... Case No. .... Minor Children ....

Name of former husband .... Sec ....

For record of further divorces, See Page ....

Said parties are not nearer of kin than second cousins and there is no legal impediment to their marriage, and that neither of the parties is now under the influence of intoxicating liquor or controlled substances or is infected with syphilis in a form that is communicable or likely to become communicable.

It is expected that ▉▉▉▉ is to solemnize the marriage of said parties ....

Sworn to before me and signed in my presence, this 7th day of November, 19 86.

Statement of Laboratory and Physician filed .... Harvey E. Hyman .... Probate Judge

Certified Abstract mailed to State Bd. of Health .... 19 .... By *Betty R. Clark* .... Deputy Clerk

ENTRY: For good cause the delay period is waived. .... Probate Judge

CONSENT OF PARENTS, GUARDIAN OR COURT

.... Parent

.... Parent

Witness ....

HEIRATSEINTRAG 20

Nachlaßgericht, Verwaltungsbezirk Paulding, Ohio
Nr. **14115** ANTRAG AUF HEIRATSERLAUBNIS
An den Richter des Nachlaßgerichts des besagten Verwaltungsbezirks:

In Sachen

und

Der Unterzeichnete stellt hochachtungsvoll einen Antrag auf Erteilung einer Heiratserlaubnis für die besagten Parteien und bestätigt folgendes unter Eid:

Der besagte ███ *war am 19. Oktober 1986 19 Jahre alt,*	*Die besagte* ███ *war am 11. Februar 1986 18 Jahre alt,*
sein Wohnort ist Paulding, Ohio,	*ihr Wohnort ist Payne, Ohio, im besagten Verwaltungsbezirk Paulding, Ohio,*
sein Geburtsort Defiance, Ohio,	*ihr Geburtsort ist Van Wert, Ohio,*
sein Beruf LKW-Fahrer in der US-Armee.	*ihr Beruf Mutter.*
Sein Vater heißt ███	*Ihr Vater heißt* ███
der Geburtsname seiner Mutter lautete ███.	*der Geburtsname ihrer Mutter lautete* ███.
Er war vorher nicht verheiratet und er hat keine lebende Ehefrau.	*Sie war vorher nicht verheiratet,*
	ist nicht verwitwet oder geschieden und hat keinen lebenden Ehemann.
Scheidungsdatum:........, Fall-Nr:......., Einzelstaat und	*Scheidungsdatum:........, Fall-Nr:......., Einzelstaat und*
Verwaltungsbezirk:......., minderjährige Kinder:........	*Verwaltungsbezirk:......., minderjährige Kinder:........*
Name der ehemaligen Ehefrau........	*Name des ehemaligen Ehemannes........*

Zur Eintragung weiterer Scheidungen, siehe Seite ...., Abschnitt ....

Die besagten Parteien sind nicht näher miteinander verwandt als Cousinen/Cousinen zweiten Grades. Es besteht für ihre Heirat kein gesetzliches Hindernis. Keine der Parteien steht zur Zeit unter dem Einfluß betäubender Rauschmittel (Alkohol oder kontrollierte Drogen) oder ist mit einer übertragbaren Form der Syphillis bzw. mit einer Form, die wahrscheinlich übertragbar wird, infiziert.

Es wird erwartet, daß - keine Eintragung - die Trauung der besagten Parteien vornehmen wird.

gez. ███

gez.: ███
Beschworen vor mir und unterzeichnet in meiner Gegenwart am heutigen 7. November 1986.
Bestätigung des Labors und des Arztes zu den Akten genommen. Harvey E. Hyman Richter am Nachlaßgericht
Beglaubigter Auszug an das einzelstaatliche Gesundheitskommittee gesandt am: - keine Eintragung - Durch: Betty L. Clarke Stellvertretende Urkundsbeamtin
EINTRAG: *Aus gerechtfertigtem Grund kann auf die Wartefrist verzichtet werden.* (gez.) Harvey E. Hyman Richter am Nachlaßgericht

EINVERSTÄNDNIS DER ELTERN, DES VORMUNDS ODER DES GERICHTS

- keine Eintragung - *Eltern*
- keine Eintragung -
- keine Eintragung - *Eltern*

Zeuge:

B. APPLICATION FOR AUTHORIZATION TO MARRY

FROM:

SUBJECT: Application for Authorization to Marry

TO:

1. I request authorization to marry. The following personal data is furnished:

   a. ███████████████ E-7 ███████████████
      (name)   (rank)   (SSAN)

   b. 21 OSS Ramstein AB 3
      (organization/station)

   c. PSC 103 Box 3017 APO AE 09603
      (mailing address)

   d. United States
      (country of citizenship)

   e. 27 May 1955
      (date of birth)

   f. Single
      (marital status)

   g. 1
      (number of dependents)

2. The following data regarding my fiance(e) is furnished:

   a. ███████████████
      (name)

   b. Kentagen St. 3   6448 Zweibrucken
      (present address)

   c. Germany
      (country of birth)

   d. 16 May 1960
      (date of birth)

1   (page 1 of 4)

e. _Single_
   (marital status)

f. _____
   (number of dependents)

g. _____
   (present employer and address)

3. If this application is approved the marriage will take place in:
   City: _Zweibrucken_   Country: _Germany_

4. I certify that:

   a. The information given above and in all the accompanying enclosures is true and correct.

   b. I have read and understand AFR 211-18, as amended.

   c. I will comply with the local laws and requirements of the country in which the marriage is performed.

   d. I understand and acknowledge that marriage to a United States Citizen does not ensure issuance of an immigration visa to the alien spouse for entry into the United States. Even in cases in which a visa is granted, I understand there is no certainty that an alien spouse will be admitted into the United States at port of entry.

   e. I understand that final jurisdiction is within the cognizance of the commission of immigration and naturalization.

   f. I understand that the laws of some countries contain impediments to marriages contracted between persons of certain different races, regardless of whether the marriage was performed in that country.

   g. I further understand that, should authority be granted to marry, the United States is not obligated to transport my spouse or dependents to the United States except for in current Armed Forces directives.

   h. I certify that I have all information and documents required for completing United States Department of Justice Form I-130 in my possession. I understand that it is my responsibility to initiate an application for an immediate relative or preference category visa subsequent to the date of marriage.

   i. I certify that my intended spouse already possesses a valid passport or will have a passport in time for processing of visa application.

j. Necessary arrangements have been made by me to provide for my prospective spouse and dependents, if any, in such a manner as to ensure that they do not become a public burden upon the U.S. or governmental agencies of another country within the foreseeable future.

k. I understand that travel in connection with leave to and from the country where the marriage is to take place is my responsibility and will be at no expense to the U.S. Government.

l. Entrance into the United States or its territories is not contemplated for my prospective alien spouse and dependents, if any, for the following reasons: _NONE_

m. I agree that if my prospective spouse or myself change our intention to enter into this marriage before receipt of authority therefore, I will notify my unit commander immediately so that processing of the application may be stopped.

(signature of member)

AUTHORITY: 10 U.S.C. 8012 and Executive Order 9397, 22 November 1943.

PURPOSE: Provide information necessary for the approval authority to determine if applicant meets all requirements for marriage outside the Continental United States.

ROUTINE USES: Retained by approval authority to substantiate action taken regarding the marriage application.

DISCLOSURE IS VOLUNTARY: If information is not provided, denial of immigrant visa may result and application may be disapproved.

PRIVACY ACT STATEMENT: USAFE Sup 1 to AFR 211-18, Attachment 1.

1st Indorsement

TO:

1. Your request for authorization to marry ███████████████,
a citizen of ___Germany___, is approved.

2. Approval of this marriage is based upon your compliance with all appropriate civil laws and other requirements regarding the marriage to ███████████████. * In addition, this approval does not guarantee subsequent issuance of a visa to your alien spouse.

* Omit this item when both parties are U.S. Citizens.

MARK T. WHALEN, Lt Col, USAF
Commander

B. ANTRAG AUF ERTEILUNG DER HEIRATSERLAUBNIS

VON: (keine Eintragung)

BETREFF: Antrag auf Erteilung der Heiratserlaubnis

AN: (keine Eintragung)

1. Ich beantrage die Erteilung der Heiratserlaubnis. Folgende Personaldaten werden angegeben:
   a) ▮▮▮▮▮▮ E 7 ▮▮▮▮▮▮
      (Name) (Rang) (Sozialversicherungsnummer)
   b) 31 OSS   AVIANO   AB
      (Organisation/Stützpunkt)
   c) PSC 103   Box 3017   APO AE 09603
      (Postanschrift)
   d) Vereinigte Staaten
      (Staatsangehörigkeit)
   e) 21. Mai 1958
      (Geburtsdatum)
   f) ledig
      (Familienstand)
   g) /
      (Anzahl der Unterhaltsberechtigten)

2. Folgende Daten meiner/s Verlobten werden angegeben:
   a) ▮▮▮▮▮▮▮▮
      (Name)
   b) Röntgenstr. 3   64482 Zweibrücken
      (gegenwärtige Anschrift)
   c) Deutschland
      (Geburtsland)
   d) 16. Mai 1960
      (Geburtsdatum)

   1   (Seite 1 von 4)

   (S. 2)
   e) ledig
      (Familienstand)
   f) (keine Eintragung)
      (Anzahl der Unterhaltsberechtigten)
   g) (keine Eintragung)
      (gegenwärtiger Arbeitgeber mit Anschrift)

3. Wenn diesem Antrag stattgegeben wird, so wird die Eheschließung stattfinden in
   Stadt: Zweibrücken   Land: Deutschland

4. Ich bescheinige hiermit:
   a) Die oben und in allen beigefügten Anlagen angegebenen Informationen sind wahrheitsgetreu und korrekt.
   b) Ich habe AFR 211-18 in der geänderten Fassung gelesen und verstanden.
   c) Ich werde die örtlichen Gesetze und Vorschriften des Landes, in dem die Trauung vorgenommen wird, einhalten.
   d) Ich verstehe und akzeptiere, daß die Ehe mit einem Bürger der Vereinigten Staaten nicht die Ausstellung eines Einwanderungsvisums für den ausländischen Ehepartner zur Einreise in die Vereinigten Staaten gewährleistet. Ich verstehe, daß es selbst in Fällen, in denen ein Visum erteilt wird, keine Garantie dafür gibt, daß dem ausländischen Ehepartner an der Einreisestelle die Einreise in die Vereinigten Staaten gestattet wird.
   e) Ich verstehe, daß die letztendliche Rechtsgewalt in die Zuständigkeit der Einwanderungs- und Einbürgerungskommission fällt.
   f) Ich verstehe, daß die Gesetze einiger Länder Hinderungsgründe für eine Ehe zwischen Personen bestimmter unterschiedlicher Rassen enthalten, unabhängig davon, ob die Ehe in dem betreffenden Land geschlossen wurde.
   g) Ich verstehe auch, daß die Vereinigten Staaten, sollte die Heiratserlaubnis erteilt werden, nicht verpflichtet sind, meinen Ehepartner oder Unterhaltsberechtigte in die Vereinigten Staaten zu bringen, außer wie in den aktuellen Richtlinien der Streitkräfte vorgesehen.
   h) Ich bescheinige, daß sämtliche Informationen und Dokumente, die zum Ausfüllen des Vordrucks I-130 des Justizministeriums der Vereinigten Staaten erforderlich sind, in meinem Besitz sind. Ich verstehe, daß ich dafür verantwortlich bin, nach der Eheschließung einen Antrag auf Erteilung eines Visums für nächste Angehörige oder eines Vorzugsvisums einzureichen.
   i) Ich bescheinige, daß mein zukünftiger Ehepartner bereits einen gültigen Reisepaß besitzt bzw. zum Zeitpunkt der Bearbeitung des Visaantrags darüber verfügen wird.

   2   (Seite 2 von 4)

(S. 3)

j) Ich habe die erforderlichen Vorkehrungen getroffen, damit mein zukünftiger Ehepartner und sonstige Unterhaltsberechtigte, falls vorhanden, insoweit versorgt sind, daß sichergestellt ist, daß sie in absehbarer Zeit keine öffentliche Belastung für die Vereinigten Staaten oder die Regierungsbehörden eines anderen Landes werden.

k) Ich verstehe, daß Reisen im Zusammenhang mit dem Verlassen und Betreten des Landes, in dem die Eheschließung stattfinden soll, zu meinen Lasten gehen und der US-Regierung dadurch keine Kosten entstehen.

l) Die Einreise meines zukünftigen Ehepartners und Unterhaltsberechtigter, falls vorhanden, in die Vereinigten Staaten oder ihr Territorium ist aus folgenden Gründen nicht geplant:

                                                        Keine

m) Ich verpflichte mich hiermit, für den Fall, daß mein zukünftiger Ehepartner oder ich selbst unsere Absicht zu heiraten vor Erhalt der Heiratserlaubnis ändern, den Kommandeur meiner Einheit unverzüglich zu informieren, damit die Bearbeitung des Antrags gestoppt werden kann.

(Unterschrift unleserlich)
(Unterschrift des Mitglieds)

ERMÄCHTIGUNG: 10 U.S.C. 8012 und Executive Order 9397 (Verordnung 9397) vom 22. November 1943

ZWECK: Informationen liefern, die die genehmigende Behörde benötigt, um zu entscheiden, ob der Antragsteller alle Bedingungen für eine Eheschließung außerhalb des Kontinentalgebiets der Vereinigten Staaten erfüllt.

NORMALER VEWENDUNGSZWECK: einbehalten von der genehmigenden Behörde, um die hinsichtlich des Antrags auf Eheschließung getroffenen Maßnahmen zu begründen.

FREIWILLIGE ANGABEN: Wenn keine Informationen angegeben werden, kann dies zu einer Verweigerung des Einwanderungsvisums und einer Ablehnung des Antrags führen.

DATENSCHUTZERKLÄRUNG: USAFE Nachtrag 1 zu AFR 211-18, Anhang 1

                        3   (Seite 3 von 4)

(S. 4)

1. Vermerk

AN:

1. Ihr Antrag auf Erteilung der Erlaubnis für die Eheschließung mit ███████████ , deutsche Staatsbürgerin, wird genehmigt.

2. Die Genehmigung dieser Eheschließung beruht auf der Erfüllung sämtlicher anzuwendender Gesetze des bürgerlichen Rechts und sonstiger Anforderungen hinsichtlich der Eheschließung mit ███████ . * Darüber hinaus garantiert diese Genehmigung nicht die Ausstellung eines Visums für Ihren ausländischen Ehepartner.

* Dieser Punkt ist zu streichen, wenn beide Parteien US-Bürger sind.

(Unterschrift unleserlich)
MARK T. WHALEN, Lt Col, USAF
Commander

                        4   (Seite 4 von 4)

Der Standesbeamte
der
STADT VÖLKLINGEN

6620 Völklingen, den 24. März 1992
Tel.06898-13-2244
Frau Forster

Herrn ▇▇▇
Hauptstr. 72
6620 Völklingen

Ihre Anfrage von heute
zur Anerkennung Ihrer Eheschließung
in Minglanilla/Philippinen am 24.02.1992

Sehr geehrter Herr ▇▇▇

aufgrund der hier vorliegenden Unterlagen und den von Ihnen gemachten Angaben lagen keine nach deutschem Recht bekannten Ehehindernisse oder Eheverbote zu Ihrer o.g. Eheschließung vor.

Zum Nachweis Ihrer Heirat bitte ich Sie, beim hiesigen Standesamt eine beglaubigte (evtl. von der deutschen Botschaft in Manila legalisierte) Heiratsurkunde vorzulegen.

Mit freundlichen Grüßen

Forster

The registrar
of the
CITY OF VÖLKLINGEN

6620 Völklingen, 24th March 1992
Tel.: 06898-13-2244
Mrs. Forster

To Mr.
▮
Hauptstr. 72

6620 Völklingen

Ref.: Your application of the present day
for the acknowledgement of your marriage
concluded in Minglanilla/Philippines on 24/2/1992
▮

Dear Mr. ▮

on the basis of the documentation in my possession and the facts
you mentioned there were no impediments or bars to the mentioned
marriage according to German Law.

As evidence for your marriage you are requested to present at
the local registry a certified marriage certificate, which may
be legalised by the German embassy in Manila.

Yours sincerely

(signature illegible)

Forster

Reg. No. 602

MUNICIPALITY OF ASMARA of the Year 1993.

CENSUS & CIVIL STATUS DIVISION   10347

TRUE AND EXACT TRANSLATION OF THE RECORD OF MARRIAGE.

This Marriage certificate is an exact translation of marriage register with the Census & Civil Status Division of the Municipality of Asmara, Eritrea

Name of husband: ▮▮▮▮▮	Name of wife ▮▮▮▮▮
Birth place Asmara	Birth place Asmara
Born in the year 19 51 on September 3rd,	Born in the year 19 68 on December 5th
Presently residing at Germany Germany Citizen	Presently residing at Asmara Eritrean Cit
Father's name ▮▮▮▮▮	Father's name ▮▮▮▮▮
Birth place Adi-Wederti/Serae/ 70 Years of Age	Birth place Adi-Quala/Serae/ 53 Years of Age
Born in the year 19 on	Born in the year 19 on
Presently residing at Mendefera	Presently residing at Asmara
Mother's name ▮▮▮▮▮	Mother's name ▮▮▮▮▮
Birth place Mendefera Dubarwa 50 Years of Age	Birth place Asmara 47 Years of Age
Born in the year 19 on	Born in the year 19 on
Presently residing at Mendefera	Presently residing at Asmara

The above mentioned spouses have declared to celebrate their wedding:

The Marriage Ceremony was witnessed and performed before the following persons

Witness for husband	Witness for wife
1st/Name	1st/Name
Birth place	Birth place
Born in the year 19 on	Born in the year 19 on
Presently residing at	Presently residing at
2nd/Name	2nd/Name
Birth place	Birth place
Born in the year 19 on	Born in the year 19 on
Presently residing at	Presently residing at

The Marriage Ceremony was celebrated according to Mouselm religion rites

Authority that performed the marriage

Marring status declared by Bride-groom and Bride

Birth place on in the year 19

Presently residing at

The registration of marriage was made by the Census and Civil Status Division of the Municipality of Asmara, Eritrea, on the ___September 13rd,___ in the year 19 ___93.___

The details of this registration have been read to the declarer, and in conformity of the truthfulness and accuracy, and all legal consequences of the information, the Husband/Wife/Witness, and Status officer performing the marriage, or the otherwise concerned has put his/her signature below.

Signed:-

The Declarer	Husband	Wife
= = = = = =	illegible	illegible

Witnesses for husband:-   Witnesses for wife:-

1st Witness   1st Witness
= = = = = = =   = = = = = =

2nd Witness   2nd Witness
= = = = = = =   = = = = = =

The Census and Civil Status Officer affixed his signature to the registration attesting to the accuracy of the transcription of the declaration as given to him by the declarer and that he did the inscription in his capacity as Census and Civil Status Officer for the Municipality of Asmara, Eritrea.

REMARKS

The marriage contract entered between ▓▓▓▓▓▓▓▓ and ▓▓▓▓▓▓ in accordance with the rites of the Mouslim religion on September a,1993 in Asmara be here in entered in basis of arts 577 of the Eritrean civil code.

For confirmation both Bride-groom and Bride have put their signature in the marriage register. The religious marriage documents have been filed in the enclosures volume of the book.

Asmara:-September 13rd,1993.

_ _ _ Assistant Civil Status Officer
Signed:-Tseggai Araia

In witness whereof. I affirm that this is a true and exact translation of the record of marriage as id in the marriage register in the Consus and Civil Status Division of the Muncipality of Asmara, Eritrea, and that this is issued for the purpose of   Any legal effect = = = = = = =
September 14th, = = = day of = = = = = = = = of the year 19 93.

Signed:- Awet Niharash.

Census & Civil Status Officer
Tseggai Araia
Head of Social Service Division

Eintragungs-Nr. 602
für das Jahr 1993

GEMEINDE ASMARA

STATISTIK- UND STANDESAMTSABTEILUNG

10347

TREUE UND GENAUE ÜBERTRAGUNG AUS DEM HEIRATSREGISTER

Die vorliegende Heiratsurkunde ist eine genaue Übertragung aus dem Heiratsregister der Statistik- und Standesamtsabteilung der Gemeinde Asmara, Eritrea.

Name des Ehemannes	▬▬▬▬	Name der Ehefrau	▬▬▬▬
Geburtsort	Asmara	Geburtsort	Asmara
Geburtsdatum	3. September 1951	Geburtsdatum	8. Dezember 1968
Gegenwärtiger Wohnsitz	Deutschland, deutscher Staatsbürger	Gegenwärtiger Wohnsitz	Asmara, Staatsbürgerin von Eritrea
Name des Vaters		Name des Vaters	
Geburtsort	Adi-Wederti/Serae/	Geburtsort	Adi-Quala/Serae/
Geburtsdatum	70 Jahre alt	Geburtsdatum	53 Jahre alt
Gegenwärtiger Wohnsitz	Mendefera	Gegenwärtiger Wohnsitz	Asmara
Name der Mutter		Name der Mutter	
Geburtsort	Dubarwa	Geburtsort	Asmara
Geburtsdatum	50 Jahre alt	Geburtsdatum	47 Jahre alt
Gegenwärtiger Wohnsitz	Mendefera	Gegenwärtiger Wohnsitz	Asmara

Die obengenannten Eheleute haben ihren Willen zur Heirat erklärt.
Die Eheschließung wird von folgenden Personen bezeugt und in ihrer Anwesenheit vorgenommen

Trauzeuge für den Ehemann		Trauzeuge für die Ehefrau	
1./Name	=======	1./Name	=======
Geburtsort	=======	Geburtsort	=======
Geburtsdatum	=======	Geburtsdatum	=======
Wohnort	=======	Wohnort	=======
2./Name	=======	2./Name	=======
Geburtsort	=======	Geburtsort	=======
Geburtsdatum	=======	Geburtsdatum	=======
Wohnort	=======	Wohnort	=======

Die Eheschließung wurde gemäß den Riten des Islam vollzogen.
Person/Behörde, die die Eheschließung vorgenommen hat
Der Vollzug der Eheschließung wurde erklärt von Bräutigam und Braut
Geburtsort ====== am ====== im Jahre 19 ======
Gegenwärtiger Wohnsitz ======

(S. 2)

Die Eheschließung wurde von der Statistik- und Standesamtsabteilung der Gemeinde Asmara, Eritrea, am 13. September des Jahres 1993 eingetragen.
Die Einzelheiten dieser Eintragung sind dem Erklärenden vorgelesen worden, und als Bestätigung der Richtigkeit und Genauigkeit, mit allen rechtlichen Auswirkungen der Angaben, haben der Ehemann/die Ehefrau/der Zeuge, der die Eheschließung vollziehende Standesbeamte oder die in anderer Weise betroffenen Personen unten unterzeichnet.

Gezeichnet:
Der Erklärende	Ehemann	Ehefrau
========	unleserlich	unleserlich
Trauzeugen des Ehemannes:		Trauzeugen der Ehefrau:
Erster Zeuge		Erster Zeuge
=======		=======
Zweiter Zeuge		Zweiter Zeuge
=======		=======

Der Standesbeamte bescheinigte mit seiner Unterschrift die Richtigkeit der Abschrift der Erklärung, wie vom Erklärenden abgegeben, und daß er die Abschrift in seiner Eigenschaft als Standesbeamter der Gemeinde Asmara, Eritrea, angefertigt hat.

BEMERKUNGEN

Der Ehevertrag zwischen ▇▇▇▇▇▇ und ▇▇▇▇▇▇ , abgeschlossen gemäß den Riten des Islam am 5. September 1993 in Asmara, wird hier auf der Grundlage des Artikels 577 des Bürgerlichen Gesetzbuches von Eritrea eingetragen.

Als Bestätigung haben Bräutigam und Braut im Heiratsregister unterschrieben. Die Dokumente der kirchlichen Trauung sind im Ergänzungsband dieses Buches abgelegt.
Asmara:-13. September 1993.

                                                    Stellvertretender Standesbeamter
                                                    Gezeichnet: Tseggai Araia

Für die Richtigkeit bestätige ich, daß es sich bei der vorliegenden Urkunde um eine treue und genaue Übertragung der Heiratsurkunde aus dem Heiratsregister der Statistik- und Standesamtsabteilung der Gemeinde Asmara, Eritrea, handelt und daß sie zur Vorlage bei den zuständigen Stellen ausgefertigt wird.
Den 14. September des Jahres 1993

                                                    Gezeichnet: Awet Nihafash
                                                            Standesbeamter
                                                     (Unterschrift unleserlich)

Stempel: Gemeinde Asmara (unleserlich)

Stempel: Tseggai Araia
                   Leiter der Abteilung für soziale Dienste
                   (Unterschrift unleserlich)

Entwertete Gebührenmarke: Nr. 19929
Entwertete Gebührenmarke: Nr. 42514
Entwertete Gebührenmarke: Nr. (unl.) 4338
Entwertete Gebührenmarke: Nr. (unl.) 560 (unl.)
Entwertete Gebührenmarke: Nr. 53560

CERTIFIED COPY of an ENTRY OF MARRIAGE
Pursuant to the Marriage Act 1949

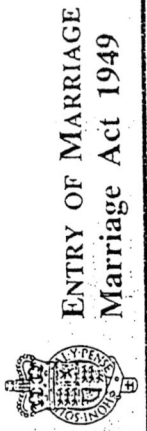

Registration District: Coventry

1978. Marriage solemnized at The Register Office in the Metropolitan District of Coventry

District of Coventry

When married	Name and surname	Age	Condition	Rank or profession	Residence at the time of marriage	Father's name and surname	Rank or profession
Second September 1978	■■■	26 years	Bachelor	Transmission Development Engineer	32 Newington Close Coventry	■■■	Motor Engineer
	■■■	25 years	Spinster	Market Analyst	32 Newington Close Coventry	■■■	Ambulance Driver

Married in the Register Office by Certificate before xx

This marriage was solemnized between us, ■■■ in the presence of us, ■■■

Joan V. Chadbund
Deputy Superintendent Registrar
G. Barnett
Registrar

Certified to be a true copy of an entry in a register in my custody.

B. A. Turnbull asgus Superintendent R 17.11.1989

CAUTION—It is an offence to falsify a certificate or to make or knowingly use a false certificate or a copy of a false certificate intending it to be accepted as genuine to the prejudice of any person, or to possess a certificate knowing it to be false without lawful authority.

(Gedruckt kraft Ermächtigung des Leiters der Personenstandsbehörde)

BEGLAUBIGTE ABSCHRIFT EINER HEIRATSEINTRAGUNG
gemäß Ehegesetz von 1949

1978	Eintragungsbezirk	Coventry		Standesamt		im		
	Eheschließung vorgenommen im		des	Stadtbezirks Coventry				
Bezirk Coventry								
Spalten:	1	2	3	4	5	6	7	8
Nr.	Datum der Eheschließung	Vor- und Zuname	Alter	Familienstand	Rang oder Beruf	Wohnsitz zum Zeitpunkt der Eheschließung	Vor- und Zuname des Vaters	Rang oder Beruf des Vaters
100	zweiter September 1978		26 Jahre	ledig	Getriebe-Entwicklungs-Ingenieur	32 Newington Close Coventry		Kfz-Techniker
			25 Jahre	ledig	Marktforscherin	32 Newington Close Coventry		Krankenwagenfahrer

Getraut im STANDESAMT

Diese Eheschließung wurde vorgenommen zwischen uns ▓▓▓ in Anwesenheit von uns ▓▓▓ durch Urkunde in Anwesenheit des vom Unterzeichneten.

                                                                Joan V. Chadbund
                                                                 Stellvertretende
                                                                 Oberstandesbeamtin
                                                                 G. Barnett
                                                                 Standesbeamter

Die Übereinstimmung der Abschrift auf dem Eintrag in einem unter meiner Obhut stehenden Register wird hiermit bestätigt.

                                                                   S.A. Turnbull,   Stellvertretender
                                                                                      Oberstandesbeamter
                                                                                      17.11.1989 Datum

ACHTUNG: Es ist ein Vergehen, eine Urkunde zu fälschen oder eine gefälschte Urkunde bzw. eine Abschrift einer gefälschten Urkunde zu erstellen oder wissentlich davon Gebrauch zu machen, in der Absicht, sie zum Schaden einer Person als echt anerkennen zu lassen, oder eine Urkunde in dem Wissen, daß sie falsch ist, ohne rechtliche Ermächtigung zu besitzen.

WARNUNG: DIE VORLIEGENDE URKUNDE IST KEIN NACHWEIS DER IDENTITÄT DER PERSON, DIE DIE URKUNDE VORLEGT.

MARRIAGE CERTIFICATE

This is to certify, that in the year of our Lord One Thousand Nine Hundred Eighty Six (1986) on the 3rd of August Mr. ███████ ███████████████████ married to Miss ███████████████.

The marriage was solemnized at the Armenian Church of St. Minas, Julfa, Isfahan, Iran by Rev. Vaghinak Shahijanian according to the rites of the Holy Apostolic Armenian Church.

ALL SAVIOUR'S CATHEDRAL
JULFA - ISFAHAN - IRAN

17th February 1991

№ 471/11

PRIMATE OF THE DIOCESE
OF THE ARMENIANS IN IRAN AND INDIA
RIGHT REV. DR. GOARCH SARKISSIAN

HEIRATSURKUNDE

Hiermit wird bescheinigt, daß sich im Jahre des Herrn
neunzehnhundertsechsundachtzig (1986)
am 3. August Herr ███████
███████████████ mit
Fräulein ████████████ vermählte.
Die Trauung wurde vollzogen in der Armenischen Kirche
St. Minas, Julfa, Isfahan, Iran   von
Pfarrer   Vaghinak Shahijanian   gemäß den
Riten der Heiligen Apostolischen Armenischen Kirche.

ALL SAVIOUR'S CATHEDRAL (Aller-Erlöser-Kathedrale)
JULFA-ISFAHAN-IRAN   PRIMAS DER DIÖZESE

17. Februar 1991   DER ARMENIER IN IRAN UND INDIEN
                                       (Unterschrift unleserlich)

                                 RIGHT REVD. DR. GORUN BABIAN
Nr. 471/11
                                          (Siegel unleserlich)

Section 5 (1) (a) (ii) of Civil Status Act 1981
Civil Status Form 20

CIVIL MARRIAGE celebrated at Maritim Hotel, Balaclava in the District of Pamplemousses in the Island of Mauritius

No.	Date and place of celebration of marriage	Names and surname, profession and address of parties	Age	Place of birth	Condition	Matrimonial regime	Names and Surname, profession and residence of parents or guardians whose consent is required	Names and Surname, profession and residence of witnesses	Religious denomination of the parties married	Social Security Number	Marginal Entries
91.	On the fifth day of June Nineteen hundred and Ninety-two at Maritim Hotel, Balaclava	▓▓▓ Lorry Driver and ▓▓▓ Secretary Both of Maritim Hotel Balaclava	Thirty three Years / Twenty Six Years	Pirmasens, Germany / Pirmasens, Germany	Divorcee / Divorcee	The Legal System of Separation of Goods and Property	—	▓▓▓ Salesman and ▓▓▓ Housewife Both of Maritim Hotel, Balaclava	Roman Catholic / Roman Catholic	"Certificate of 4th day of June issued under the authority of the Prime Minister Section 24A of Civil Statistic Procedure Files

Married by me.....R. Apaclas....... after due publications in the respective districts of the contracting parties without opposition (or after dismissal of all oppositions) and with the consent of....................... after the said contracting parties have declared to me in the presence of the aforementioned witnesses that they are willing to take each other for husband and wife and the aforesaid parties and witnesses, after I have read over to them the present entry, have signed or marked the same in my presence.

Signature or mark of the married parties (sd) ▓▓▓   (sd) ▓▓▓

Signature or mark of witnesses and of parents or guardians whose consent is required (sd) ▓▓▓   (sd) ▓▓▓

(sd) Apaclas
Civil Status Officer of Terre Rouge
Civil Status Office

(sd) R. Apaclas
Civil Status Officer

A true copy issued on ....5/8/92......

Stempel:
Gebührenfreie Kopie, ausgestellt
gemäß Paragraph 35(2) des
Standesamtsgesetzes von 1981
Unterschrift: Appadoo
Standesbeamter

Paragraph 5 (1) (a) (ii) des Standesamtsgesetzes 1981
Standesamtsvordruck 20

1992   **BÜRGERLICHE EHESCHLIESSUNG, vorgenommen im Maritim Hotel, Balaclava,**
               Verwaltungsbezirk Pamplemousses, Mauritius

Nr.   91

Datum und Ort der Eheschließung:	fünfter Juni neunzehnhundertzweiundneunzig, im Maritim Hotel, Balaclava
Vor- und Zuname, Beruf und Anschrift der Parteien:	Lastwagenfahrer und Sekretärin beide im Maritim Hotel Balaclava
Alter:	Bräutigam: dreiunddreißig Jahre alt Braut: sechsundzwanzig Jahre alt
Geburtsort:	beide: Pirmasens, Deutschland
Familienstand:	beide: geschieden
Ehelicher Güterstand:	das gesetzliche System der Güter- und Eigentumstrennung
Vor- und Zunamen, Beruf und Anschrift von Eltern oder Erziehungsberechtigten, deren Einwilligung erforderlich ist:	-------------
Vor- und Zuname, Beruf und Wohnort der Zeugen:	Kaufmann und Hausfrau, beide im Maritim Hotel, Balaclava
Religionszugehörigkeit der Eheschließenden:	beide römisch-katholisch
Sozialversicherungsnummer	-------------------
Randbemerkungen:	"Bescheinigung vom 4. Juni 1992, ausgestellt von der Behörde des Premierministers gemäß Paragraph 24 A des Standesamtsgesetzes, redigiert und archiviert."

Getraut von mir, R. Appadoo, nach rechtsgültiger Veröffentlichung im Bezirk der eheschließenden Parteien, ohne Einspruch (oder nach Abweisung aller Einsprüche), ~~mit Einwilligung von~~ .... und nachdem mir die eheschließenden Parteien in Anwesenheit der vorgenannten Zeugen erklärt haben,
daß sie willens sind, einander als Ehemann und Ehefrau zu nehmen, und die vorgenannten Parteien und Zeugen haben- nachdem ich ihnen vorliegende Eintragung vorgelesen habe - diese in meiner Anwesenheit unterschrieben oder gezeichnet.

Unterschrift oder Zeichen der eheschließenden Parteien:	gez. gez.
Unterschrift oder Zeichen der Zeugen und Eltern oder Erziehungsberechtigten, deren Einwilligung erforderlich ist:	gez. gez. gez. R. Appadoo *Standesbeamter*

Eine originalgetreue Abschrift, ausgestellt am 05.06.1992
                                      (Unterschrift): Appadoo
                                      Standesbeamter von Terre Rouge
                                      Standesamt

FEDERAL REPUBLIC
OF
NIGERIA

FORM E – FIRST SCHEDULE

THE
MARRIAGE ACT
Section 24

Marriage ... in the Lagos Island Local Gov. Hospital in Nigeria

CERTIFICATE OF MARRIAGE

No. 060/94

When married	No.	Names and Surnames	Full age or minor	Condition	Rank or Profession	Residence at time of marriage	Father's Name and Surname	Occupation, Rank of Profession of Father
18-3-94	060	███	27	Bachelor	Business	10A Simpson Str. E/B. Lagos.	███	Business
18/3/94		███	23	Divorcee	General Services	Saarbrucker Str. 6605 Friedrich-shal. Germany	███	Deceased

Married at ███ by (or before) me ███

This marriage was celebrated between us ███

Name of Wife ███

Witnesses ███

In the presence of us

Minister (or Registrar as the case may be)

BUNDESREPUBLIK NIGERIA   VORDRUCK E - ERSTES FORMBLATT

(Wappen unleserlich)

DAS EHEGESETZ   *Paragraph 24*

Nr. 060/94   Eheschließung im Amtsgericht Lagos Island, Rathaus, Nigeria

HEIRATSURKUNDE

18.3.1994	Nr.	Tag der Eheschlie-ßung	Vor- und Familiennamen	Volljährig oder min-derjährig	Personen-stand	Rang oder Beruf	Wohnsitz zum Zeitpunkt der Eheschließung	Vor- und Familienname des Vaters	Beschäftigung, Rang oder Beruf des Vaters
	060/94	18.3.94	■	27	ledig	Geschäfts-mann	10ᴬ, Simpson Str., E/B Lagos	■	Geschäfts-mann
Name des Ehemannes									
Name der Ehefrau			■	23	geschie-den	Hausange-stellte[1]	Saarbrücker Str. 7, 6605 Friedrichsthal, Deutschland	■	verstorben
Zeugen			■						

Getraut zu (Stempel:)   von *(oder vor)* mir

STANDESAMT
(Unterschrift unleserlich)   E. Ada Adesanya   (Unterschrift unleserlich)
Standesbeamter)   *Pfarrer (oder Standesbeamter, je nach Fall*
Amtsgericht Lagos Island

Die Ehe wurde geschlossen zwischen uns (■)   in unserer Anwesenheit (■)   (Unterschrift unleserlich)
                                                                                (■)   (Unterschrift unleserlich)
                                                                       Zeugen

(Auf der Rückseite der Urkunde befindet sich der Legalisierungsvermerk der deutschen Botschaft in Lagos, Nigeria, in deutscher Sprache)

1   Anm. d. Übers.: Gemäß Angaben der Ehefrau lautet die korrekte Berufsbezeichnung "Hauswirtschafterin".

IN THE HIGH COURT OF NIGERIA

HOLDEN AT LAGOS

DECLARATION OF MARRIAGE

I, MR. ███████████████████, Nigerian Citizen, Retired Civil Servant residing at No. 15, Dele Kulajoulu Street, Okota - Palace Way, Isolo - Lagos, do hereby declare on Oath and say as follows:-

1. That I am the father of MR. ███████████████████ who is the husband of MISS ███████████████████.

2. That they were married under Native Law and Customs with the full consent and approval of both parties parents on the 25th day of March, 1989 at Lagos in State of Nigeria after all necessary dowry had been paid.

3. That since the day of their said marriage, former Miss ███████████████████ has been known, called and addressed as MRS. ███████████████████

4. That this declaration is now required for record purposes.

5. And that I make this solemn declaration conscientiously believing same to be true and correct by virtue of the provisions of the Lagos state Oaths Law of 1973.

....
DECLARANT

SWORN to the HIGH Court Registry,
Lagos this ...5..31.. 19.92.

BEFORE ME:

A. Ola Dada

COMMISSIONER FOR OATHS.

IM OBERSTEN GERICHTHOF VON NIGERIA

ZU LAGOS

EHEERKLÄRUNG

Ich, ████████████████, nigerianischer Bürger, Beamter im öffentlichen Dienst im Ruhestand, wohnhaft in Dele Kulajoulu Street 15, Okota - Palace Way, Isolo - Lagos, erkläre hiermit unter Eid und sage folgendes aus:

1. Daß ich der Vater von Herrn ████████████████ bin, der der Ehemann von Fräulein ████████████████ ist.

2. Daß die Eheschließung nach Geburtsrecht und Bräuchen, mit voller Zustimmung und Genehmigung der Eltern der beiden Parteien am 25. März 1989 in Lagos, im Staate Nigeria, erfolgte, und die erforderliche Mitgift bezahlt worden war.

3. Daß seit besagtem Tag ihrer Eheschließung das frühere Fräulein ████████████████ als Frau ████████████████ bekannt ist, so genannt und angeschrieben wird.

4. Daß diese Erklärung nun für Registerzwecke benötigt wird.

5. Und daß ich diese feierliche Erklärung nach bestem Wissen und Gewissen abgebe und sie wahr und richtig ist kraft der Bestimmungen des Gesetzes über Eide des Bundesstaates Lagos von 1973.

(Unterschrift unleserlich)
DER ERKLÄRENDE

BESCHWOREN in der Geschäftsstelle des OBERSTEN GERICHTSHOFES,
Lagos, am heutigen 5.3.1992

VOR MIR:

(Unterschrift unleserlich)
(Stempel:) A. Ola Dada

DER NOTAR

Stempel:
OBERSTER GERICHTSHOF DES BUNDESSTAATES LAGOS
KASSIERER

Handschriftlicher Vermerk:
J 343041
5.3.92

(Unterschrift unleserlich)

Marriage Act 1963

Certificate of Marriage

I, Murray Angus Tranas, having authority under the Marriage Act 1963 to solemnize marriages, hereby certify that I have this day at S. Mathaus Lutheran Church, K. Goroka duly solemnized marriage in accordance with the provisions of that Act between ▓▓▓▓▓▓▓▓▓▓▓ in the presence of the under-signed witnesses.

and ▓▓▓▓▓▓▓▓▓▓▓

Dated this 22nd day of May, 1993.

Signature of Celebrant

Signature of Witnesses

Signature of Parties to the Marriage

BRIDEGROOM

BRIDE

Govt. Print.—1926/5 000.—11.83

PAPUA NEW GUINEA   For official use only.

Marriage Act 1963   Registered No..................

NOTICE OF INTENDED MARRIAGE

(Please read NOTES ON BACK, and TYPE or use BLOCK LETTERS in completing this form.)

To.... PASTOR MURRAY A THOMAS ....
(Name and address of proposed celebrant)

Notice is hereby given of the intended Marriage between the undermentioned parties—

	Bridegroom.	Bride
1. Surname	▓▓▓	▓▓▓
2. Christian or other names	▓▓▓	▓▓▓
3. Usual occupation	PILOT	AIR HOSTESS
4. Usual place of residence (full address)	8752 MÖMBRIS-MEN ▓▓▓ GERMANY.	8752 MOMBRIS-MEN ▓▓▓ GERMANY
5. *Conjugal status (bachelor, spinster, widower, widow or divorced, or as the case may be)	BACHELOR	SPINSTER
6. Birthplace (city or town and, if not in Papua New Guinea, Province or, if born outside Papua New Guinea, country)	▓▓▓ GERMANY	▓▓▓ GERMANY
7. Date of birth	12 Day SEPT. Month 1967 Year	10 Day APRIL Month 1966 Year
8. ††Father's name in full	▓▓▓	▓▓▓
9. †Mother's maiden name in full	▓▓▓	▓▓▓
	Years Months	Years Months
10. If party born outside Papua New Guinea, total period of residence in Papua New Guinea	3 DAYS.	3 DAYS.
11. ‡Father's country of birth (if known)	GERMANY	GERMANY
12. Mother's country of birth (if known)	GERMANY	GERMANY

Are the parties related to each other? If so, state relationship........ NO ....

Signature of Bridegroom ▓▓▓ .... Signature of Bride ▓▓▓ ....

Signature of Witness§ ▓▓▓ .... Signature of Witness§ ▓▓▓ ....

Qualification‖ REGISTERED MINISTER OF RELIGION   Qualification‖ REGISTERED MINISTER OF RELIGION

Date 17.5.93 .... Date 17-5-93 ....

DECLARATIONS

I, (¹) ██████████████████████████████████
██████ 8752 HÖMBRIS-MENS GERMANY, AIR HOSTESS

do solemnly and sincerely declare as follows:—

1. I am a (²) SPINSTER

2. I believe there is no legal impediment to my marriage with (³) ████████
██████ 8752 HÖMBRIS-MENS GERMANY, PILOT

(hereinafter referred to as "the other party") by reason of consanguinity or affinity, a subsisting former marriage or lack of marriageable age of either myself or the other party, or by reason of any other circumstances.

*Cross out whichever is inapplicable.

3. *I have attained the age of 21 years.

~~*I have not attained the age of 21 years, the date of my birth being the .... day of .... 19 ....~~

And I make this solemn declaration under the *Marriage Act* (Chapter 304) conscientiously believing the statement contained in it to be true in every particular, and knowing that the Act provides a penalty for the wilful making of a false statement in a declaration.

Declared at GOROKA EHP, the 20th day of MAY 19 93.

(⁴) *V. Eleza*

Before me,

(⁵) *Murray Thum*

(⁶) REGISTERED MINISTER OF RELIGION

I, (¹) ██████████████████████████████████
██████ 8752 HÖMBRIS-MENS, GERMANY, PILOT

do solemnly and sincerely declare as follows:—

1. I am a (²) BACHELOR

2. I believe there is no legal impediment to my marriage with (³) ████████
██████ 8752 HÖMBRIS-MENS, GERMANY, AIR HOSTESS

(hereinafter referred to as "the other party") by reason of consanguinity or affinity, a subsisting former marriage or lack of marriageable age of either myself or the other party, or by reason of any other circumstances.

*Cross out whichever is inapplicable.

3. *I have attained the age of 21 years.

~~*I have not attained the age of 21 years, the date of my birth being the .... day of .... 19 ....~~

And I make this solemn declaration under the *Marriage Act* (Chapter 304) conscientiously believing the statement contained in it to be true in every particular, and knowing that the Act provides a penalty for the wilful making of a false statement in a declaration.

Declared at GOROKA EHP, the 20 day of May 19 93.

(⁴) *signature*

Before me,

(⁵) *Murray Thum*

(⁶) REGISTERED MINISTER OF RELIGION

Where a party has previously married, that party must give the following particulars:—

	Bridegroom.	Bride
3. Number of previous marriages		
4. Year of each previous marriage ceremony (if known, give date)		
5. Number of children of the previous marriage or marriages born alive, whether now living or deceased.		
6. Year of birth of each of those children		
7. How last marriage terminated (Insert "Death", "Divorce" or "Nullity")		
8. Date on which last spouse died, or date on which termination of last marriage became final.		
Signature		

NOTES

1. A party who is unable, after reasonable inquiry, to state a required particular should leave the appropriate space blank. In order to make the notice effective, he or she must then furnish to the proposed celebrant a statutory declaration as to his or her inability to ascertain the particulars not included in the notice and the reason for the inability. However, no such inquiry or statutory declaration is necessary in relation to the non-furnishing of particulars under Item 3 or 12 where the country of birth is not known, or under Items 6 and 11 where the party is illegitimate, or of the date of a previous marriage ceremony under Item 14.

2. The marriage may not be solemnized before the seventh day after the date on which this notice is received by the proposed celebrant, unless special permission has been given under Section 17 of the Marriage Act 1963 for the marriage to be solemnized before that day. Furthermore, the marriage may not be solemnized if the notice is received more than ninety days before the proposed marriage.

3. Section 73 of the Marriage Act 1963 makes it an offence for a person to give a Notice of Intended Marriage, or to sign such a notice that has been given if, to the knowledge of that person, the notice contains a false statement or any error or is defective. Penalty not exceeding K($)400 or imprisonment for six months.

4. Where the signature of one party to the intended marriage cannot be conveniently obtained at the time when it is desired to give notice, the notice may be signed by the other party and given to the proposed celebrant, but in such a case the party who has not signed the notice must sign it in the presence of the celebrant or another authorized celebrant before the marriage is solemnized.

5. Section 41 of the Marriage Act 1963 requires evidence of the date and place of birth of each party to be produced to the celebrant before the marriage is solemnized. Where a party is a divorced person or a widow or widower, that section also requires evidence of that party's divorce, or of the death of that party's spouse, to be produced to the celebrant before the marriage is solemnized.

6. Section 11 of the Marriage Act 1963 requires a party who has not attained the age of twenty-one years (unless he or she has been previously married) to produce to the celebrant before the marriage is solemnized the consent in writing of each person whose consent is required by the Act, or the consent in writing of a magistrate or judge in place of the consent of that person or, where a consent has been dispensed with by a prescribed authority, the dispensation in writing signed by the prescribed authority.

PARTICULARS TO BE COMPLETED BY CELEBRANT

Date notice received by celebrant... 17 ER MAY 1993 ...Date marriage solemnized... 22-5-93

Rites used... Rul Dan Rice ...Place Marriage solemnized... ST MATTHEW C CHURCH NORTH GOROKA

*Birth certificate(s) produced. ALSO PASSPORTS   †Consents received. PASSPORT No.

*Declaration(s) regarding birth produced. CERTIFICATE OF ORIGIN

†Evidence of *Death produced.
              *Dissolution.
              *Annulment.

Signature of Celebrant.................... No. 3131

(Wappen)
Papua Neu Guinea

Ehegesetz von 1963

HEIRATSURKUNDE

ICH, Murray Angas Thomas,

kraft *Ehegesetz* von 1963 ermächtigt, Eheschließungen vorzunehmen, bescheinige hiermit, daß ich am heutigen Tag in der Lutheranischen St. Matthews Kirche, Nord Goroka, in Übereinstimmung mit den Verfügungen des erwähnten Gesetzes ▇▇▇ und ▇▇▇ in Anwesenheit der unterzeichneten Zeugen rechtmäßig getraut habe.

DEN 22. Mai 1993

(Unterschrift unleserlich)
Unterschrift der Person, die die Trauung vorgenommen hat

Unterschriften der Ehepartner

Unterschriften der Zeugen

(Unterschrift unleserlich)
BRÄUTIGAM

(Unterschrift unleserlich)

(Unterschrift unleserlich)
BRAUT

(Unterschrift unleserlich)

(S. 2)

PAPUA NEU GUINEA
―――
Ehegesetz von 1963
ANZEIGE DER EHEABSICHT

Nur für amtliche Zwecke.

Eintragungs-Nr. ....

(Lesen Sie bitte die HINWEISE AUF DER RÜCKSEITE und füllen Sie dieses Formular mit der SCHREIBMASCHINE oder in BLOCKBUCHSTABEN aus)

An PASTOR MURRAY A. THOMAS
(Name und Anschrift der Person, die die Trauung vornehmen soll)

Hiermit wird die Eheabsicht der unten angegebenen Parteien angezeigt:

	Bräutigam	Braut
1 Nachname	▇▇▇	▇▇▇
2 Vornamen oder weitere Namen		
3. Beruf	PILOT	FLUGBEGLEITERIN
4. Wohnsitz (vollständige Anschrift)	8752 MÖMBRIS-MENS ▇▇▇ DEUTSCHLAND	8752 MÖMBRIS-MENS ▇▇▇ DEUTSCHLAND
5. *Familienstand (ledig, Witwer, Witwe oder geschieden oder ggf. sonstiges)	LEDIG	LEDIG
6. Geburtsort (Stadt und, falls nicht in Papua Neu Guinea, Provinz oder, falls außerhalb Papua Neu Guineas geboren, Land)	▇▇▇ DEUTSCHLAND	▇▇▇ DEUTSCHLAND
7. Geburtsdatum	12. Tag SEPT. Monat 1967 Jahr	10. Tag APRIL Monat 1966 Jahr
8. †‡Vollständiger Name des Vaters	▇▇▇	▇▇▇
9. †Vollständiger Mädchenname der Mutter	▇▇▇	▇▇▇
10. Falls eine der Parteien außerhalb Papua Neu Guineas geboren, Gesamtdauer des Aufenthalts in Papua Neu Guinea	Jahre Monate 3 TAGE	Jahre Monate 3 TAGE
11. ‡Geburtsland des Vaters (falls bekannt)	DEUTSCHLAND	DEUTSCHLAND
12. ‡Geburtsland der Mutter (falls bekannt)		

Sind die Parteien miteinander verwandt? Falls ja, Verwandtschaft angeben
NEIN

Unterschrift des Bräutigams (Unterschrift unleserlich)   Unterschrift der Braut   (Unterschrift unleserlich)

Unterschrift des Zeugen§   (Unterschrift unleserlich)   Unterschrift des Zeugen§   (Unterschrift unleserlich)

QUALIFIKATION || EINGETRAGENER GEISTLICHER   QUALIFIKATION || EINGETRAGENER GEISTLICHER

Datum   17.5.93   Datum   17.5.93

(Fußnoten für die Übersetzung nicht relevant)

(S. 3)

ERKLÄRUNGEN

Ich, (¹) ▬▬▬▬▬▬
▬▬▬▬▬▬, 8752 MOMBRIS-MENS, DEUTSCHLAND, FLUGBEGLEITERIN,
erkläre hiermit feierlich,

1. daß ich (2) LEDIG bin.
2. daß ich glaube, daß meiner Eheschließung mit (3) ▬▬▬▬▬▬▬▬▬▬▬▬ 8752 MÖMBRIS-MENS, DEUTSCHLAND, PILOT, (nachgestehend "die andere Partei" genannt) keine rechtlichen Hindernisse wegen Verwandtschaft oder Verschwägerung, einer bestehenden früheren Ehe oder nicht-ehefähigem Alter meiner selbst oder der anderen Partei oder aus sonstigen Gründen im Wege stehen.
3. *daß ich das 21. Lebensjahr vollendet habe.
   (1 Zeile gestrichen im Original)

* Nichtzutreffendes streichen.

Ich gebe diese feierliche Erklärung ab gemäß des *Ehegesetzes* (Kapitel 304), im festen Glauben, daß die darin enthaltenen Aussagen in allen Einzelheiten wahr sind, und im Wissen, daß das Gesetz für die vorsätzliche Falschaussage in einer Erklärung eine Strafe vorsieht.

Erklärt zu GOROKA EAP, den 20. MAI 1993

                            (4) (Unterschrift unleserlich)
            Vor mir,
                            (5) (Unterschrift unleserlich)
                            (6) EINGETRAGENER GEISTLICHER

Ich, (1) ▬▬▬▬▬▬▬▬
▬▬▬▬▬▬, 8752 MÖMBRIS-MENS, DEUTSCHLAND, PILOT
erkläre hiermit feierlich,

1. daß ich (2) LEDIG bin.
2. daß ich glaube, daß meiner Eheschließung mit (3) ▬▬▬▬▬▬▬▬▬▬ 45, 8752 MÖMBRIS-MENS, DEUTSCHLAND, FLUGBEGLEITERIN, (nachgestehend "die andere Partei" genannt) keine rechtlichen Hindernisse wegen Verwandtschaft oder Verschwägerung, einer bestehenden früheren Ehe oder nicht-ehefähigem Alter meiner selbst oder der anderen Partei oder aus sonstigen Gründen im Wege stehen.
3. *daß ich das 21. Lebensjahr vollendet habe.
   (1 Zeile gestrichen im Original*)*

* Nichtzutreffendes streichen.

Ich gebe diese feierliche Erklärung ab gemäß des *Ehegesetzes* (Kapitel 304), im festen Glauben, daß die darin enthaltenen Aussagen in allen Einzelheiten wahr sind, und im Wissen, daß das Gesetz für die vorsätzliche Falschaussage in einer Erklärung eine Strafe vorsieht.

Erklärt zu GOROKA EAP, den 20. MAI 1993

Vor mir,
(4) (Unterschrift unleserlich)
(5) (Unterschrift unleserlich)
(6) EINGETRAGENER GEISTLICHER

(Fußnoten für die Übersetzung nicht relevant)

(S. 4)
Falls eine Partei bereits früher verheiratet war, sind folgende Daten anzugeben:

	Bräutigam	Braut
13. Zahl der früheren Ehen 14. Jahr jeder früheren Eheschließung (falls bekannt, Datum angeben) 15. Zahl der Kinder aus früheren Ehen, die lebend geboren wurden, ob noch lebend oder bereits verstorben. 16. Geburtsjahr jedes dieser Kinder 17. Wie endete die letzte Ehe ("Tod", "Scheidung" oder "Annullierung" eintragen) 18. Datum, an dem der letzte Ehepartner starb, oder Datum, an dem die Beendigung der letzten Ehe rechtskräftig wurde.		(keine Eintragungen)
	Unterschrift ...	

(Anmerkungen im Original gestrichen)

DATEN, DIE VON DER PERSON EINZUTRAGEN SIND,
DIE DIE TRAUUNG VORGENOMMEN HAT

Datum des Eingangs der Anzeige   17. MAI 1993
Datum der Eheschließung   22.5.93
Zeremonie   Lutheranische Zeremonie
Ort der Eheschließung   ST. MATTHEWS KIRCHE, NORD GOROKA

*Geburtsurkunde(n) vorgelegt. SOWIE REISEPÄSSE
†Erlaubnis erhalten.
*Erklärung(en) bezüglich Geburt vorgelegt. (ABSTAMMUNGSURKUNDE)   Reisepaß Nr.
†Nachweis für   ~~*Tod vorgelegt.~~
          ~~*Auflösung.~~
          ~~*Annullierung.~~

Unterschrift der Person, die die Trauung vorgenommen hat   Nr. 31 31

* Nichtzutreffende Worte streichen. † Falls nicht zutreffend, streichen.

MARRIAGE CERTIFICATE

MARRIAGE IN THE REPUBLIC OF SEYCHELLES.

No.	When married.	Names and Surnames.	Age.	Place of Birth.	Condition.	Profession.	Residence at the time of marriage.	Names and Surnames of Parents or Guardians whose consent is required; with their Profession and Residence.	Names and Surnames of Witnesses, with their Profession and Residence.	Religious Denomination of the Parties married.	Marginal Entries
C 50	On Tuesday the thirty first day of October present year at thirty five minutes past noon at Beau Vallon, Mahe.	■■■ and ■■■	54 Years / 36 Years	Neuteichingen, Jetzt Saarbrucken - Germany / Sigmaringen, Germany	Divorcee - Divorcee	Housewife - Engineer	Both of Beau Vallon, Mahe	No consent required	a General Manager of Beau Vallon, Mahe and Housewife of Beau Vallon, Mahe, both of age.	Both Roman Catholic	

Married by me _____ Noella Flore _____ after due publication in the respective domiciles of the contracting parties, without opposition or after dismissal of all oppositions, and with the consent of _____ after the said contracting parties have declared to me in the presence of the undersigned witnesses that they are willing to take each other for husband and wife _____

and I accordingly pronounce that they are united by marriage, and the aforesaid parties and witnesses, after I have read over to them the present act, have signed or marked the same in my presence.

Signature or mark of the married parties

(sd) ■■■   (sd) ■■■
(sd) ■■■   (sd) ■■■

In the presence of us

(Signed) N. Flore

Officer of the Civil Status, Seychelles.

Certified to be a true extract

Officer of the Civil Status of the Republic of Seychelles

HEIRATSURKUNDE

1995

EHESCHLIESSUNG IN DER REPUBLIK DER SEYCHELLEN

Nr.	Datum der Eheschließung	Vor- und Familiennamen	Alter	Geburtsort	Familienstand	Beruf	Wohnsitz zum Zeitpunkt der Eheschließung	Vor- und Familiennamen der Eltern oder Erziehungsberechtigten, deren Einverständnis erforderlich ist; deren Beruf und Wohnsitz	Vor- und Familiennamen der Zeugen, deren Beruf und Wohnsitz	Religionszugehörigkeit der Ehepartner	Randvermerke
C 150	Dienstag, den einunddreißigsten Oktober des laufenden Jahres um zwölf Uhr fünfunddreißig in Beau Vallon, Mahe	▉ und ▉	54 Jahre ---- 36 Jahre	Sigmaringen, Deutschland Neufechingen Jetzt Saarbrücken Deutschland	geschieden geschieden	Ingenieur Hausfrau	Beide aus Beau Vallon, Mahe	Kein Einverständnis erforderlich	Geschäftsführer aus Beau Vallon, Mahe __und__ Hausfrau aus Beau Vallon, Mahe, beide volljährig	Beide römisch-katholisch	---

Getraut von mir, Noella Flore, nach ordnungsgemäßer Veröffentlichung an den jeweiligen Wohnsitzen von Braut und Bräutigam, ohne Einwände bzw. nach Abweisung sämtlicher Einwände und mit Zustimmung von *(keine Eintragung)* , nachdem mir Braut und Bräutigam in Anwesenheit der unterzeichneten Zeugen erklärt haben, daß sie gewillt sind, einander als Mann und Frau anzunehmen.

Dementsprechend verkünde ich, daß sie im Stand der Ehe vereinigt sind, und die genannten Parteien und Zeugen haben, nachdem ich die vorliegende Urkunde verlesen habe, dieselbe in meiner Anwesenheit unterzeichnet bzw. mit ihren Zeichen versehen.

| Unterschrift oder Zeichen der Ehepartner | (gez.) (gez.) | In unserer Anwesenheit | (gez.) (gez.) |

2 Siegel: ZENTRALSTANDESAMT * SEYCHELLEN

(Gezeichnet) N. Flore
Standesbeamtin, Seychellen

Für den Gleichlaut des Auszugs
(Unterschrift unleserlich)
Standesbeamtin der Republik der Seychellen
2.11.95

STATE OF FLORIDA
DEPARTMENT OF STATE

Bureau of Notaries Public

APOSTILLE

(Convention de La Haye du 5 octobre 1961)

1. Country: United States of America

2. This public document has been signed by __Charles S. Mahan__

3. acting in the capacity of __State Registrar of Vital Statistics, State of Florida__

4. bears the seal/stamp of __Great Seal of the State of Florida__

Certified

5. at __Tallahassee, Florida__

6. the __Sixteenth day of September, A.D., 1994__

7. by __Secretary of State, State of Florida__

8. No. __1994-3321__

9. Seal/Stamp:

10. Signature:

Jim Smith
Secretary of State

CERTIFIED COPY

I hereby certify the copy, reproduced below to be a true and correct copy of the original on file in the Office of Vital Statistics of the State of Florida, Department of Health and Rehabilitative Services, at Jacksonville, Florida.

Given at Jacksonville, Florida, over my signature and the official seal of my office, this 13th day of September, 1994, A.D.

State Registrar for Vital Statistics
Department of Health and Rehabilitative Services

MARRIAGE RECORD
FLORIDA

NO. 94-1248   94-084274

1	GROOM'S NAME (First, Middle, Last)	(NMN)
2	DATE OF BIRTH	FEBRUARY 26, 1959
3a	RESIDENCE - CITY, TOWN, OR LOCATION	ILLINGEN
3b	COUNTY	UCHTELFANGEN
3c	STATE	GERMANY
4	BIRTHPLACE	GERMANY
5a	BRIDE'S NAME (First, Middle, Last)	
5b	MAIDEN SURNAME (if different)	
6	DATE OF BIRTH	MAY 12, 1962
7a	RESIDENCE - CITY, TOWN, OR LOCATION	ILLINGEN
7b	COUNTY	UCHTELFANGEN
7c	STATE	GERMANY
8	BIRTHPLACE	GERMANY

WE, THE APPLICANTS NAMED IN THIS CERTIFICATE, EACH FOR HIMSELF, STATE THAT THE INFORMATION PROVIDED ON THIS RECORD IS CORRECT TO THE BEST OF OUR KNOWLEDGE AND BELIEF, THAT NO LEGAL OBJECTION TO THE MARRIAGE NOR THE ISSUANCE OF A LICENSE TO AUTHORIZE THE SAME IS KNOWN TO US AND HEREBY APPLY FOR LICENSE TO MARRY.

9. GROOM'S SIGNATURE
13. BRIDE'S SIGNATURE
10. SUBSCRIBED AND SWORN TO BEFORE ME ON: AUGUST 22, 1994
11. TITLE OF ISSUING OFFICIAL: DEPUTY CLERK
14. SUBSCRIBED AND SWORN TO BEFORE ME ON: AUGUST 22, 1994
15. TITLE OF ISSUING OFFICIAL: DEPUTY CLERK
12. SIGNATURE OF ISSUING OFFICIAL
16. SIGNATURE OF ISSUING OFFICIAL

LICENSE TO MARRY

AUTHORIZATION AND LICENSE IS HEREBY GIVEN TO ANY PERSON DULY AUTHORIZED BY THE LAWS OF THE STATE OF FLORIDA TO PERFORM A MARRIAGE CEREMONY WITHIN THE STATE OF FLORIDA AND TO SOLEMNIZE THE MARRIAGE OF THE ABOVE NAMED PERSONS.

17. DATE LICENSE ISSUED: AUGUST 22, 1994
18. EXPIRATION DATE: OCTOBER 20, 1994

THIS LICENSE MUST BE USED ON OR BEFORE THE ABOVE EXPIRATION DATE IN THE STATE OF FLORIDA IN ORDER TO BE RECORDED AND VALID.

19a. SIGNATURE OF PERSON ISSUING LICENSE
19b. BY D.C.
19c. TITLE: DEPUTY CLERK
20. COUNTY: COLLIER, CIRCUIT COURT
25. DATE RETURNED: AUGUST 22, 1994
26. RECORDED IN BOOK OR 1978 PAGE 1116
27. CLERK OF COURT

CERTIFICATE OF MARRIAGE

21. I HEREBY CERTIFY THAT THE ABOVE NAMED BRIDE AND GROOM WERE JOINED BY ME IN MARRIAGE IN ACCORDANCE WITH THE LAWS OF THE STATE OF FLORIDA ON AUGUST 22, 1994 AT NAPLES, FLORIDA

22a. SIGNATURE OF PERSON PERFORMING CEREMONY
22b. NAME OF PERSON PERFORMING CEREMONY: EVELYN REIF
22c. TITLE: DEPUTY CLERK OF CIRCUIT COURT
22d. ADDRESS: 3301 TAMIAMI TRAIL EAST NAPLES FL 33962
23. SIGNATURE OF WITNESS TO CEREMONY
24. SIGNATURE OF WITNESS TO CEREMONY

— THIS IS A CERTIFIED TRUE AND CORRECT COPY OF THE OFFICIAL RECORD ON FILE IN THIS OFFICE —

BY *State Registrar*

WARNING: ANY REPRODUCTION OF THIS DOCUMENT IS PROHIBITED BY LAW. DO NOT ACCEPT UNLESS ON SECURITY PAPER WITH LINES AND SECURITY WATERMARK ON BACK AND COLORED BACKGROUND AND GOLD EMBOSSED GREAT SEAL OF THE STATE OF FLORIDA ON FRONT. ALTERATION OR ERASURE VOIDS THIS CERTIFICATION.

5716309

HRS FORM 1564 (6-93)

CERTIFICATION OF VITAL RECORD

BUNDESSTAAT FLORIDA
AUSSENMINISTERIUM
NOTARIATSBEHÖRDE

APOSTILLE
(Convention de La Haye du 5 octobre 1961)

1. Land: Vereinigte Staaten von Amerika
Diese öffentliche Urkunde
2. ist unterschrieben von: Charles S. Mahan
3. in seiner Eigenschaft als: Einzelstaatlicher Standesbeamter, Bundesstaat Florida
4. sie ist versehen mit dem Siegel/Stempel des Großen Siegels des Staates Florida

BEGLAUBIGT

5. in: Tallahassee, Florida
6. am: sechzehnten September 1994
7. durch: den Außenminister des Staates Florida
8. unter Nr.: 1994-3321
9. Siegel/Stempel: 10. Unterschrift:
(Siegel) (Unterschrift unleserlich)
GROSSES SIEGEL DES *Jim Smith*
STAATES FLORIDA *Außenminister*
WIR VERTRAUEN AUF GOTT

(S. 2)
BUNDESSTAAT FLORIDA

STANDESAMT

BEGLAUBIGTE ABSCHRIFT

Die Übereinstimmung nachstehender Abschrift mit dem Original, das beim Standesamt des Staates Florida, Ministerium für Gesundheit und Rehabilitationsdienste, in Jacksonville, Florida, archiviert ist, wird hiermit beglaubigt.

Ausgestellt zu Jacksonville, Florida, und mit meiner Unterschrift und dem Dienstsiegel versehen, den 13. September 1994 a.d.

(Unterschrift unleserlich)
Staatlicher Standesbeamter
Ministerium für Gesundheit und Rehabilitationsdienste

HEIRATSURKUNDE
FLORIDA

Nr. 94-1248 94-084274

ANTRAG AUF EHESCHLIESSUNG

1.	NAME DES BRÄUTIGAMS *(Vornamen, Familienname)*	▆▆▆▆▆ (keine weiteren Vornamen)
2.	GEBURTSDATUM *(Tag, Monat, Jahr)*	26. FEBRUAR 1959
3a.	WOHNSITZ - STADT ODER ORTSCHAFT	ILLINGEN
3b.	VERWALTUNGSBEZIRK	UCHTELFANGEN
3c.	STAAT	DEUTSCHLAND
4.	GEBURTSORT *(Bundesstaat oder Ausland)*	DEUTSCHLAND
5a.	NAME DER BRAUT *(Vornamen, Familienname)*	▆▆▆▆▆
5b.	MÄDCHENNAME *(falls unterschiedlich)*	▆▆▆▆▆
6.	GEBURTSDATUM *(Tag, Monat, Jahr)*	12. MAI 1962
7a.	WOHNSITZ - STADT ODER ORTSCHAFT	ILLINGEN
7b.	VERWALTUNGSBEZIRK	UCHTELFANGEN
7c.	STAAT	DEUTSCHLAND
8.	GEBURTSORT *(Bundesstaat oder Ausland)*	DEUTSCHLAND

WIR, DIE IN DIESER URKUNDE GENANNTEN ANTRAGSTELLER, ERKLÄREN JEDER FÜR SICH, DASS DIE IN DIESEM DOKUMENT GEMACHTEN ANGABEN NACH UNSEREM BESTEN WISSEN UND GEWISSEN KORREKT SIND UND DASS UNS KEINE GESETZLICHEN HINDERUNGSGRÜNDE FÜR DIE EHESCHLIESSUNG ODER DIE AUSSTELLUNG EINER HEIRATSERLAUBNIS BEKANNT SIND, UND BEANTRAGEN HIERMIT DIE ERLAUBNIS ZUR EHESCHLIESSUNG.

9.	UNTERSCHRIFT DES BRÄUTIGAMS *(Mit vollem Namen unterzeichnen)*	gez.:	
10.	UNTERSCHRIEBEN UND BEEIDET VOR MIR AM	22. AUGUST 1994	
11.	TITEL DES AUSSTELLENDEN BEAMTEN	STELLV. URKUNDSBEAMTIN	
12.	UNTERSCHRIFT DES AUSSTELLENDEN BEAMTEN	gez.: Evelyn Reif	
13.	UNTERSCHRIFT DER BRAUT *(Mit vollem Namen unterzeichnen)*	gez.:	
14.	UNTERSCHRIEBEN UND BEEIDET VOR MIR AM	22. AUGUST 1994	
15.	TITEL DES AUSSTELLENDEN BEAMTEN	STELLV. URKUNDSBEAMTIN	
16.	UNTERSCHRIFT DES AUSSTELLENDEN BEAMTEN	gez.: Evelyn Reif	

HEIRATSERLAUBNIS

ERMÄCHTIGUNG UND ERLAUBNIS WIRD HIERMIT JEDER PERSON ERTEILT, DIE KRAFT GESETZ DES BUNDESSTAATES FLORIDA ERMÄCHTIGT IST, EINE EHESCHLIESSUNG IM BUNDESSTAAT FLORIDA VORZUNEHMEN UND DIE OBENGENANNTEN PERSONEN ZU TRAUEN.

17.	AUSSTELLUNGSDATUM	22. AUGUST 1994
18.	ABLAUFDATUM	20. OKTOBER 1994

UM EINGETRAGEN ZU WERDEN UND GÜLTIG ZU SEIN, MUSS DIESE ERLAUBNIS AM ODER VOR DEM OBENGENANNTEN ABLAUFDATUM IM BUNDESSTAAT FLORIDA VERWENDET WERDEN.

19a.	UNTERSCHRIFT DES AUSSTELLERS	gez.: Evelyn Reif
19b.	DURCH DEN STELLV. URKUNDSBEAMTEN	*(Unterschriftenkürzel)*
19c.	TITEL	STELLV. URKUNDSBEAMTIN
20.	VERWALTUNGSBEZIRK	COLLIER

Siegel: VERWALTUNGSBEZIRK COLLIER
BUNDESSTAAT FLORIDA
URKUNDSBEAMTER DER GESCHÄFTSSTELLE DES BEZIRKSGERICHTS

HEIRATSURKUNDE

21. ICH BESCHEINIGE HIERMIT, DASS DIE OBENGENANNTEN BRAUT UND BRÄUTIGAM IN ÜBEREINSTIMMUNG MIT DEN GESETZEN DES BUNDESSTAATES FLORIDA VON MIR GETRAUT WURDEN

AM 22. AUGUST 1994 IN NAPLES FLORIDA
DATUM *(Tag, Monat, Jahr)* STADT

22a.	UNTERSCHRIFT DER PERSON, DIE DIE TRAUUNG VORNAHM	gez.: Evelyn Reif
22b.	NAME DER PERSON, DIE DIE TRAUUNG VORNAHM	
	(MIT SCHREIBMASCHINE ODER IN DRUCKBUCHSTABEN AUSFÜLLEN)	
	EVELYN REIF	
22c.	TITEL STELLV. URKUNDSBEAMTIN DER GESCHÄFTSSTELLE DES BEZIRKSGERICHTS	
22d.	ANSCHRIFT 3301 TAMIAMI TRAIL EAST NAPLES FLORIDA 33962	
23.	UNTERSCHRIFT DES TRAUZEUGEN	(Unterschrift unleserlich)
24.	UNTERSCHRIFT DES TRAUZEUGEN	(Unterschrift unleserlich)
25.	RÜCKSENDEDATUM	22. AUGUST 1994
26.	EINGETRAGEN IM AMTLICHEN REGISTER 1978	BLATT 1116
27.	URKUNDSBEAMTER DER GESCHÄFTSSTELLE	gez.: Evelyn Reif, Stellv. Urkundsbeamtin

BEI DER VORLIEGENDEN URKUNDE HANDELT ES SICH UM EINE BEGLAUBIGTE, VOLLSTÄNDIGE UND KORREKTE ABSCHRIFT DER AMTLICHEN EINTRAGUNG, DIE IN DIESER GESCHÄFTSSTELLE ARCHIVIERT IST.
DURCH *(Unterschrift unleserlich)* Staatlicher Standesbeamter

WARNUNG: JEGLICHE REPRODUKTION DIESES DOKUMENTS IST GESETZLICH UNTERSAGT. AKZEPTIEREN SIE DIESE URKUNDE NUR AUF SICHERHEITSPAPIER MIT LINIEN UND SICHERHEITSWASSERZEICHEN AUF DER RÜCKSEITE UND FARBIGEM HINTERGRUND UND DEM IN GOLD GEPRÄGTEN GROSSEN SIEGEL DES BUNDESSTAATES FLORIDA AUF DER VORDERSEITE. ÄNDERUNGEN ODER RADIERUNGEN MACHEN DIESE URKUNDE UNGÜLTIG.

5716309

Siegel: *Logo:* HRS
GROSSES SIEGEL DES MINISTERIUM FÜR GESUNDHEIT
STAATES FLORIDA UND REHABILITATIONSDIENSTE
WIR VERTRAUEN AUF GOTT

PERSONENSTANDSURKUNDE

Certificate of MARRIAGE

State of Minnesota. County of MORRISON, ss.

I Hereby Certify, that on the 5th day of JULY, in the year of our Lord one thousand nine hundred and SEVENTY-FIVE, at LITTLE FALLS, in said County, I the undersigned, a COUNTY JUDGE, did join in the Bonds of Matrimony, ▓▓▓▓▓▓▓▓▓▓▓▓▓▓▓▓, a resident of the County of Morrison, State of Minnesota, and ▓▓▓▓▓▓▓▓▓▓▓▓▓▓▓▓, a resident of the County of Morrison, State of Minnesota, in the presence of ▓▓▓▓▓▓▓▓▓▓▓▓ and ▓▓▓▓▓▓▓▓▓▓▓▓ Witnesses.

P.O. ADDRESS: Little Falls, Minnesota

MY CREDENTIALS ARE RECORDED IN Morrison COUNTY, MINNESOTA.

RETURN TO CLERK OF DISTRICT COURT WITHIN FIVE DAYS.

Filed the 7th day of July, A.D. 19 75, and duly recorded in Marriage Record 4 on page 273.

Edward L. Cininski

By: Irma Hanfler, Deputy

STATE OF MINNESOTA >
> ss.
COUNTY OF MORRISON >

I, James R. Anderson, County Recorder of the County of Morrison, State of Minnesota, do hereby certify that I have compared the foregoing copy of Certificate of Marriage with the original on file in said County Recorder's Office, and that the same is a full and true copy thereof and of the filing thereon.

WITNESS, my hand and the seal of said office, hereto affixed at Little Falls, Minnesota, this 23rd day of October, 19 91.

James R. Anderson
County Recorder

By: ▓▓▓▓▓▓

NOT VALID WITHOUT IMPRESSED SEAL

HEIRATSURKUNDE

Bundesstaat Minnesota, Verwaltungsbezirk MORRISON, SS

Ich bescheinige hiermit, daß am 5. JULI neunzehnhundertfünfundsiebzig ███████████, Einwohner des Verwaltungsbezirks Morrison, Bundesstaat Minnesota und ███████████, Einwohnerin des Verwaltungsbezirks Morrison, Bundesstaat Minnesota in LITTLE FALLS, in genanntem Verwaltungsbezirk, von mir, dem unterzeichnenden AMTSRICHTER, im Stand der Ehe vereinigt wurden, und zwar in Anwesenheit von
███████████) *(Zeugen)*
███████████)

(Unterschrift unleserlich)
Postanschrift: Little Falls
Minnesota

MEINE BESTALLUNGSPAPIERE SIND REGISTRIERT IM VERWALTUNGSBEZIRK Morrison, BUNDESSTAAT MINNESOTA

INNERHALB VON FÜNF TAGEN AN DEN LEITER DER GESCHÄFTSSTELLE DES BEZIRKGERICHTS ZURÜCKSENDEN

Ausgestellt am 7. Juli 1975 und rechtsgültig registriert im Heiratsregister 4 auf Seite 273.

<u>Edward L. Cininski</u>

BUNDESSTAAT MINNESOTA >
> SS   <u>i.A. Irma Hanfler</u>
VERWALTUNGSBEZIRK MORRISON >   Stellvertreterin

Ich, der unterzeichnende James R. Anderson, Urkundsbeamter am Amtsgericht für den Verwaltungsbezirk Morrison, Bundesstaat Minnesota, bescheinige hiermit, daß ich die obenstehende Kopie der Heiratsurkunde mit der Originaleintragung, die im Büro des besagten Urkundsbeamten am Amtsgericht archiviert ist, verglichen habe und daß diese Kopie eine vollständige und getreue Abschrift aus dem Register und der darin befindlichen Eintragung darstellt.

ZU URKUND DESSEN unterzeichne ich eigenhändig und bringe das Siegel des genannten Büros an in Little Falls, Minnesota, am heutigen 23. Oktober 1991.

Unterschrift: James R. Anderson
Urkundsbeamter am Amtsgericht
i.A.:   (keine Eintragung)
~~Stellvertreter~~

OHNE PRÄGESIEGEL UNGÜLTIG

Marriage Certificate

Clark County, Nevada

No. C 634276

This is to Certify that the undersigned did on the 23RD day of May, 1995

at THE WEDDING CHAPELS AT TREASURE ISLAND, LAS VEGAS, Nevada, join in lawful Wedlock

▉▉▉▉▉▉▉▉▉▉▉▉, of ERLENMOOS, GERMANY

and ▉▉▉▉▉▉▉▉▉▉▉▉, of ERLENMOOS, GERMANY

with their mutual consent, in the presence of ▉▉▉▉▉▉▉▉▉▉▉▉

REV. JUDY ANDREWS — Type or Print Official's Name & Title

LOVE AND TRUTH MINISTRIES — Type or Print Church or Affiliation

▉▉▉▉ W. SAHARA #469
LAS VEGAS, NV 89117

Signature of Official: Rev. Judy Andrews

JUDITH A. VANDEVER, RECORDER

THIS COPY MUST BE PRESENTED TO THE RECORDER WITHIN (10) DAYS.

JUDITH A. VANDEVER OF
CLARK COUNTY, NEVADA,
CERTIFIES THIS AS A
TRUE COPY IF IMPRESSED
WITH RECORDER'S SEAL

JUN 5 '95

CLARK COUNTY RECORDER

Heiratsurkunde

Verwaltungsbezirk Clark, Nevada

950525.97395
Nr. **C 634276**

Hiermit wird bescheinigt, daß die Unterzeichnete am 23. *Mai 1995*

in THE WEDDING CHAPELS AT TREASURE ISLAND, LAS VEGAS, Nevada,
    Anschrift oder Kirche   Stadt

	aus ERLENMOOS, DEUTSCHLAND
und	Stadt Staat
	aus ERLENMOOS, DEUTSCHLAND
	Stadt Staat

mit derer beider Einverständnis in Anwesenheit von   [1]

                                                Name des Zeugen, getippt oder in Druckbuchstaben

rechtmäßig getraut hat.

REV. JUDY ANDREWS
Name & Titel des Beamten, getippt oder in Druckbuchstaben

Kirche oder Mitgliedschaft, getippt oder in Druckbuchstaben
LOVE AND TRUTH MINISTRIES
Anschrift des Beamten, getippt oder in Druckbuchstaben
    8635[2] W SAHARA #469
    LAS VEGAS, NV 89117
Stadt, Staat und PLZ, getippt oder in Druckbuchstaben

(Unterschrift:) Rev. Judy Andrews
Unterschrift des Beamten
JUDITH A. VANDEVER,
URKUNDSBEAMTIN AM AMTSGERICHT

DIESE ABSCHRIFT IST DEM URKUNDSBEAMTEN INNERHALB VON (10) TAGEN VORZULEGEN.

- 2 -

(Rückseite)

Stempel: DIE UNTERZEICHNETE JUDITH A. VANDEVER, URKUNDSBEAMTIN FÜR DEN
VERWALTUNGSBEZIRK CLARK, NEVADA, BESCHEINIGT HIERMIT, DASS ES SICH BEI VORLIEGENDER
URKUNDE UM EINE GLEICHLAUTENDE ABSCHRIFT HANDELT, SOFERN SIE MIT DEM PRÄGESIEGEL DES
URKUNDSBEAMTEN VERSEHEN IST.

Stempel: 5. Juni 1995

(Unterschrift unleserlich)
URKUNDSBEAMTIN AM AMTSGERICHT

(Prägesiegel unleserlich)

---

[1] Anm. d. Übers.: Der Name des Zeugen ist in Klammern wiederholt.

[2] Anm. d. Übers.: Zahl kaum leserlich.

District Name: TOWN of WALLKILL

New York State Department of Health

District No. 3566

Certificate of Marriage Registration

Local Register No. 17

This is to certify that the persons identified below were married on the date and at the place specified as shown by the duly registered license and certificate of marriage on file in this office

Groom Name _____ _____ _____
　　　　　　　　　First　　　　　　　Middle　　　　　　Premarriage Surname

New Surname (if applicable) _____ [X] Check box if same as premarriage surname

Residing at: 17 SCHLOSSTER - PIRMASENS, GERMANY

Date of Birth: APRIL 5, 1950　　Place of Birth: ALGERIA
　　　　　　　Month Day Year　　　　　　　　　City, Town or Village/State or Country

Bride Name _____ _____ _____ _____
　　　　　　　First　　　　Middle　　　Premarriage Surname　　Maiden Name
　　　　　　　　　　　　　　　　　　　　　　　　　　　(if different from premarriage surname)

[ ] Check box if same as premarriage surname

New Surname (if applicable) _____

Residing at: 17 SCHLOSSTER - PIRMASENS, GERMANY

Date of Birth: JAN. 4, 1947　　Place of Birth: GERMANY
　　　　　　　Month Day Year　　　　　　　　　City, Town or Village/State or Country

Date of Marriage: MARCH 2, 1994　Place of Marriage: MIDDLETOWN, NEW YORK
　　　　　　　　　Month Day Year　　　　　　　　City/xxxxx xxxx

DEPUTY
Town of XXXX Clerk　*Jeanne Hillriegel*　　MARCH 4, 1994
　　　　　　　　　　　　　　　　　　　　　　　Month Day Year
JEANNE HILLRIEGEL DEPUTY
600 ROUTE 211 EAST
MIDDLETOWN, N.Y. 10940

Any Alteration Invalidates This Certificate
Issued Pursuant to Section 14-a, Domestic Relations Law

DOH-1:10 (10/92)

Gesundheitsministerium des Staates New York
NACHWEIS DER EINTRAGUNG EINER EHESCHLIESSUNG

Bezirk STADT WALLKILL
Bezirk Nr. 3566
Örtliches Register Nr. 17

Hiermit wird bescheinigt, daß die unten identifizierten Personen am angegebenen Datum und Ort getraut wurden, wie die ordnungsgemäß eingetragene Heiratserlaubnis und -urkunde, die in diesem Büro archiviert sind, beweisen.

Bräutigam Name ▮▮▮▮▮▮▮▮
Vorname Zweiter Vorname Familienname vor
der Eheschließung

☒ Ankreuzen, falls gleich Familienname vor der Eheschließung
Neuer Familienname (falls zutreffend)

Wohnhaft   17 SCHLOSSTER - PIRMASENS, DEUTSCHLAND

Geburtsdatum   5. APRIL 1950   Geburtsort   ALGERIEN
                  Tag Monat Jahr   Stadt oder Dorf/Bundesstaat oder Land

Braut Name ▮▮▮▮▮▮▮▮
Vorname Zweiter Vorname Familienname vor   (keine Angaben)
                         der Eheschließung   Mädchenname
                                                  (falls nicht gleich Familien-
                                                  name vor der Eheschließung)

▮▮▮▮ ☐ Ankreuzen, falls gleich Familienname vor der Eheschließung.
Neuer Familienname (falls zutreffend)

Wohnhaft   17 SCHLOSSTER - PIRMASENS, DEUTSCHLAND

Geburtsdatum   4. JANUAR 1947   Geburtsort   DEUTSCHLAND
                  Tag Monat Jahr   Stadt oder Dorf/Bundesstaat oder Land

Datum der   2. MÄRZ 1994   Ort der Eheschließung
Eheschließung   Tag Monat Jahr   MIDDLETOWN, NEW YORK
                                   Stadt ~~oder Dorf~~

                  STELLVERTRETENDER
                  Leiter der Stadtkanzlei (Unterschrift unleserlich) 4. MÄRZ 1994
                                                                        Tag Monat Jahr

(Siegel   JEANNE HILLRIEGEL, STELLVERTRETERIN
unleserlich)   600 ROUTE 211 EAST
                                   MIDDLETOWN, N.Y. 10940

Jegliche Abänderung macht diese Urkunde ungültig.
Ausgestellt gemäß Paragraph 14-a des Familiengesetzes

Cleveland Municipal Court
Cleveland
State of Ohio

No. 72536

Certificate of Marriage

This is to Certify that by virtue of a license duly granted under seal of the Probate Court of Cuyahoga County, Ohio, authorizing the solemnization of the marriage contract between ▮▮▮ and ▮▮▮ they were on the Sixteenth day of May One Thousand Nine Hundred and Ninety-One by me duly joined in Marriage.

In Witness Whereof I have hereunto subscribed my name the day and year above written.

▮▮▮ Witness
▮▮▮ Witness

signature
Judge of Cleveland Municipal Court
Cleveland, Ohio

STÄDTISCHES GERICHT ZU CLEVELAND

CLEVELAND

BUNDESSTAAT OHIO

Nr: 72536

HEIRATSURKUNDE

Hiermit wird bescheinigt, daß kraft der ordnungsgemäß unter dem Siegel des Nachlaßgerichts des Verwaltungsbezirks Cuyaboga, Ohio, bewilligten Erlaubnis, mit welcher die Eheschließung zwischen

■■■■■■■■■■ und ■■■■■■■■■■

genehmigt wurde, diese von mir am sechzehnten Mai neunzehnhunderteinundneunzig ordnungsgemäß getraut wurden.

ZUM ZEUGNIS DESSEN habe ich diese Urkunde am oben angegebenen Tag und Jahr mit meinem Namen unterzeichnet,

                (Unterschrift unleserlich)
                Richter am Städtischen Gericht zu Cleveland
                Cleveland, Ohio

(Unterschrift   unleserlich)
                Zeuge
_____ Zeuge

OFFICE OF
PEGGY J. BREIGHNER
CLERK OF COURTS

ADAMS COUNTY COURTHOUSE GETTYSBURG, PA 17325

Certification of Marriage Record

NAME OF GROOM ▮▮▮▮▮▮▮▮▮▮

NAME OF BRIDE ▮▮▮▮▮▮▮▮▮▮

AGE/DATE OF BIRTH OF GROOM   DECEMBER 14, 1969

AGE/DATE OF BIRTH OF BRIDE   JANUARY 20, 1970

BIRTHPLACE OF GROOM   GETTYSBURG, PA

BIRTHPLACE OF BRIDE   BAMBERG, GERMANY

DATE OF APPLICATION   JANUARY 11, 1993

DATE OF MARRIAGE   JANUARY 23, 1993

PLACE OF MARRIAGE   BONNEAUVILLE BOROUGH, ADAMS COUNTY, PA

DATE DUPLICATE WAS RETURNED   JANUARY 27, 1993

OFFICIANT'S NAME & TITLE   SAMUEL K. FRYMYER - DISTRICT JUSTICE

DENOMINATION   -------

I, SHERRY KAY COOK, DEPUTY Clerk of Courts, in the 51st Judicial District, in and for Adams County, PA, hereby certify that the above certification of the record of the marriage between the persons named therein, is true and correct as taken from the records of said County, and remains of record: ON MICROFILM AT ML-11-93.

WITNESS MY HAND AND OFFICIAL SEAL, at Gettysburg, Adams County, PA.

This 1ST day of FEBRUARY A.D., 19 93.

DEPUTY CLERK OF COURTS
Deputy Clerk of Courts
My Commission Expires on the
First Monday In January, 1994

BÜRO
PEGGY J. BREIGHNER
URKUNDSBEAMTIN

GERICHT DES VERWALTUNGSBEZIRKS ADAMS   GETTYSBURG, PA 17325

Bescheinigung über die Eintragung einer Eheschließung

NAME DES BRÄUTIGAMS	▮▮▮▮▮▮▮▮▮▮
NAME DER BRAUT	
ALTER/GEBURTSDATUM DES BRÄUTIGAMS	14. DEZEMBER 1969
ALTER/GEBURTSDATUM DER BRAUT	20. JANUAR 1970
GEBURTSORT DES BRÄUTIGAMS	GETTYSBURG, PA
GEBURTSORT DER BRAUT	BAMBERG, DEUTSCHLAND
DATUM DES AUFGEBOTS	11. JANUAR 1993
DATUM DER EHESCHLIESSUNG	23. JANUAR 1993
ORT DER EHESCHLIESSUNG	BONNEAUVILLE BOROUGH, VERWALTUNGSBEZ. ADAMS, PA
DATUM DER RÜCKSENDUNG DES DUPLIKATS	27. JANUAR 1993
NAME & TITEL DER ZUR VORNAHME DER EHESCHLIESSUNG ERMÄCHTIGTEN PERSON	SAMUEL K. FRYMYER - BEZIRKSRICHTER
KONFESSION	--------

ICH, SHERRY KAY COOK STELLVERTRETENDE   Urkundsbeamtin des 51. Gerichtsbezirks im und für den Verwaltungsbezirk Adams, PA, bescheinige hiermit, daß die obige Bescheinigung über die Eintragung der Eheschließung zwischen den darin genannten Personen eine wahrheitsgetreue und korrekte Abschrift der Unterlagen des genannten Verwaltungsbezirks ist und AUF MIKROFILM ML-11-93 archiviert bleibt. VON MIR UNTERZEICHNET UND MIT DEM DIENSTSIEGEL VERSEHEN zu Gettysburg, Verwaltungsbezirk Adams, PA.
Den 1. FEBRUAR 1993.

(Siegel unleserlich)   *(Unterschrift unleserlich)*
STELLVERTRETENDE URKUNDSBEAMTIN

Stempel: Stellvertretende Urkundsbeamtin
Meine Bestellung endet am ersten Montag im Januar des Jahres 1994.

MARRIAGE LICENSE

STATE OF TENNESSEE

COUNTY OF SHELBY

To Anyone Legally Authorized to Celebrate the Rites of Matrimony
You Are Hereby Licensed to Celebrate the

Rites of Matrimony

Between ███████████████████████ 22 AGE

and ███████████████████████ 27 AGE

and for so doing this shall be your warrant.

Given under my hand and official seal, this 4th day of June in the year of our Lord One Thousand Nine Hundred and Ninety One

Richard C. Mashburn
COUNTY CLERK

BY *Michael M. Lee*
DEPUTY CLERK

By Virtue of A License from the Shelby County Clerk, I have this day celebrated the Rites of Matrimony between the parties herein named, as authorized in the foregoing license. Given under my hand this the 9th day of June A.D. 1991

Book No. C 0 8
Page No. 412/3

SIGNATURE OF OFFICIANT

HEIRATSERLAUBNIS

(Wappen unleserlich)
BUNDESSTAAT TENNESSEE
VERWALTUNGSBEZIRK SHELBY

Jeder, der gesetzlich zur Vornahme der Eheschliessungszeremonie ermächtigt ist, erhält hiermit die Genehmigung zur Vornahme der
Eheschliessung

zwischen ▇▇▇▇▇▇▇▇▇▇▇ 22 Jahre alt
und ▇▇▇▇▇▇▇▇▇▇▇ 27 Jahre alt

und diese Erlaubnis dient als Ermächtigung.
Ausgestellt von mir und mit dem Dienstsiegel versehen am heutigen 4. Juni im Jahre des Herrn neunzehnhunderteinundneunzig.

Unterschrift: Richard C. Mashburro
LEITER DER GESCHÄFTSSTELLE DES AMTSGERICHTS

i.A.   Unterschrift: Miriam M. Lu
STELLVERTRETENDER LEITER DER GESCHÄFTSSTELLE DES AMTSGERICHTS

Siegel:
DER LEITER DER GESCHÄFTSSTELLE DES AMTSGERICHTS DES VERWALTUNGSBEZIRKS SHELBY, TENNESSEE

Kraft der Erlaubnis des Leiters der Geschäftsstelle des Amtsgerichts für den Verwaltungsbezirk Shelby habe ich am heutigen Tage die Eheschließung zwischen den hierin genannten Parteien vorgenommen, wozu vorstehende Erlaubnis ermächtigt.
Von mir ausgestellt am heutigen 9. Juni A.D. 1991.
Register Nr.   C/08
Seite Nr.   417/3

gez. Thomas R. ... unleserlich
UNTERSCHRIFT DER ZUR VOMAHME DER
EHESCHLIESSUNG ERMÄCHTIGTEN PERSON

Bescheinigung über die Eheschließung (§ 185 DA)

(Standesamt) Kaiserslautern -/- Nr. 468

(Standesamt) ▉▉▉ III München -/- Nr. 0707

geboren am 25. Mai 1955 -/- 10. Februar 1957

in Stolzenberg -/- Wuppertal

(Standesamt) Stolzenberg -/- Nr. 5   Wuppertal-Barmen, jetzt Wuppertal -/- Nr. 67/1957

wohnhaft in Kaiserslautern -/- ▉▉▉ und ▉▉▉ München

geboren am 08. Mai 1957 -/- 18. August 1964

in Saint Paul, Minnesota/USA -/- München

(Standesamt) Saint Paul -/- Nr. 190   IV München -/- Nr. 5073/1964

wohnhaft in Kaiserslautern, -/- ▉▉▉ München

haben am 08. August 1989 -/- 28. Juni 1990 vor dem Standesbeamten des

Standesamts Kaiserslautern -/- III München die Ehe geschlossen.

Die Ehegatten führen den Ehenamen ▉▉▉

Kaiserslautern, den 08. August 1989   München, den 28. Juni 1990

Der Standesbeamte: Westenburger   Der Standesbeamte Stocker

Bisherige Wohnung der Ehefrau: Triftstr. 100   Mühlstr. 23

Gebührenteil

Certificate of Marriage (Art. 196 DA)

(Registry Office Kaiserslautern -/-

██████ /-

No. 468)

born on May 25, 1955 -/-
in Stelzenberg -/-

(Registry Office Stelzenberg -/-

No. 5)

resident at Kaiserslautern -/-

and ██████ -/-

born on May 8, 1957 -/-
in Saint Paul, Minnesota/USA -/-

(Registry Office Saint Paul -/-

No. 190)

resident at Kaiserslautern -/-
concluded marriage on August 8, 1989 before the registrar
of the Registry Office of Kaiserslautern -/-.

The spouses are to use the name ██████ -/-

Kaiserslautern, this 8th day of August, 1989

The Registrar (illegible signature)
Westenburger

Seal: The Registrar at Kaiserslautern

| Husband's place of residence to date | Triftstr. 100 |
| Wife's place of residence to date | Mühlstr. 23 |

Free of charge!

Marriage Certificate

F

(Registry Office: Munich III -/- No. 0707)

▮▮▮▮▮▮▮▮▮▮

born on 10th February 1957 -/-
in Wuppertal -/-
(Registry Office: Wuppertal-Barmen, at present ----------
 Wuppertal -/- No. 67/1957)
resident in Munich -/-

and

▮▮▮▮▮▮▮▮▮▮

born on 18th August 1964 -/-
in Munich -/-
(Registry Office: IV Munich -/-
 No. 5073/1964)
resident in Munich -/-

entered into marriage on 28th June 1990, before the Registrar
of the Munich Registry Office III. -/-

Husband and wife are to bear the name ▮▮▮▮▮▮▮▮ -/-

Seal:	Munich, 28th June 1990
BAVARIA	The Registrar
MUNICH REGISTRY OFFICE III	signed: illegible
	Stockerl

Fees: DM 6.00
paid, see receipt No. 280293

CERTIFICATE OF DEATH

I hereby certify that I attended (1) ~~[redacted]~~ a (2) Female, 71yrs of (3) Belize City during her last illness that I last saw her alive on the 30-VI 19 92 and that she died (4) (so I am informed and believe) at (5) Belize City on 21 VII 19 92 and that the cause of death was:—

			Approximate interval between onset and death
I Disease or condition directly leading to death*	(a)	Carcinoma of Colon w. Metastases	2 years
Antecedent causes Morbid conditions, if any, giving rise to the above cause, stating the underlying condition last	due to (or as a consequence of) (b)		
	due to (or as a consequence of) (c)		
II Other significant conditions contributing to the death, but not related to the disease or condition causing it.	)))		

*This does not mean the mode of dying e.g. heart failure, asthenia. It means the disease, injury or complication which caused death.

21: VII 19 92   [signature] F.R.C.S.Ed
                                          Registered Medical Practitioner

(1) Name of Deceased. (2) Sex, Age. (3) Place of Residence. (4) To be struck out if Medical Practitioner was present at time of death. (5) Place of Death.

(The person receiving this certificate should register the death (or cause it to be registered) at the General Registry within four days from the date of death. A penalty is imposed by law for neglecting to give information of a death.)

ZWEITSCHRIFT

STERBEURKUNDE

Ich bescheinige hiermit, daß ich (1) ▬▬▬▬▬▬▬▬▬▬ (2) weiblich, 79 Jahre, aus (3) Belize City, während ihrer letzten Krankheit behandelt habe, daß ich sie zuletzt am 30.6.1992 lebend gesehen habe und daß sie (4) (nach meinem besten Wissen und Gewissen) am (5) 21.7.1992 in Belize City verstorben ist. Die Todesursache war:

		Ungefährer Zeitraum zwischen dem Auftreten der Ursache und dem Tod
I *Krankheit oder Zustand, die/ der direkt zum Tod führte**	(a) Dickdarmkarzinom/ mit Metastasen	2 Jahre
	wegen (oder infolge)	
Frühere Ursachen Krankhafte Zustände, falls vorhanden, die die genannte Ursache hervorgerufen haben, wobei die sekundäre Todesursache zuletzt genannt wird	(b) .... wegen (oder infolge) (c)	
II *Weitere wichtige Umstände* die zum Tod beigetragen haben, jedoch nicht mit der Krankheit oder dem Umstand verbunden sind, die/der den Tod verursacht hat.	....	
*Dies bezieht sich nicht auf die Art des Todes, z. B. Herzversagen, Asthenie, sondern auf die Krankheit, Verletzung oder Komplikation, die den Tod verursacht hat.		

21.7.1992   (Unterschrift unleserlich)
Eingetragener Arzt

(1) Name des/der Verstorbenen. (2) Geschlecht, Alter. (3) Wohnsitz. (4) Zu streichen, wenn der Arzt zum Zeitpunkt des Todes anwesend war. (5) Ort des Todes.

(Die Person, die diese Bescheinigung erhält, sollte den Sterbefall innerhalb von vier Tagen nach Eintritt des Todes beim Hauptstandesamt eintragen (bzw. eintragen lassen). Für den Fall, daß ein Sterbefall nicht angezeigt wird, sieht das Gesetz eine Strafe vor.)

D 461238

REPUBLIC OF SOUTH AFRICA / REPUBLIEK VAN SUID-AFRIKA

DEATH CERTIFICATE / STERFTESERTIFIKAAT

(Issued in terms of the regulations made under Act 81 of 1963)
(Uitgereik kragtens die regulasies uitgevaardig onder Wet 81 van 1963)

Identity number / Identiteitsnommer: [redacted]

Surname / Van: [redacted]

Forenames in full / Volle voorname: [redacted]

Date of birth / Geboortedatum: Day/Dag 14 Month/Maand 06 Year/Jaar 1906

Sex / Geslag: MANLIK
Population group / Bevolkingsgroep: BLANK

Marital status / Huwelikstaat: GETROUD

Date of death / Datum van afsterwe: Day/Dag 08 Month/Maand 11 Year/Jaar 1990

Place of death (town/city) / Plek van afsterwe (dorp/stad): MODDERSPRUIT

Causes of death / Oorsake van dood: SEREBRT VASKULERE ONGELUK

SUID-AFRIKAANSE POLISIE
DIST 29
AANKLAGKANTOOR
1990-11-10
CHARGE OFFICE
SABIE
POLICE

Registrar/Assistant Registrar of Deaths
Registrateur/Assistent-registrateur van Sterfgevalle

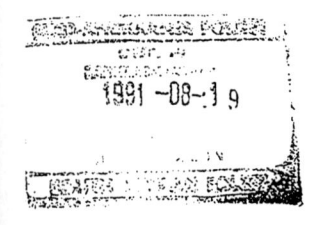

(Wappen) D 461238

REPUBLIK SÜDAFRIKA

STERBEURKUNDE

(ausgestellt gemäß den Bestimmungen
des Gesetzes 81 von 1963)

Identifikationsnummer	▉▉▉▉▉
Familienname	▉▉▉▉▉
Vollständige Vornamen	▉▉▉▉▉
Geburtsdatum:	Tag 14 Monat 06 Jahr 1906
Geschlecht:	MÄNNLICH
Bevölkerungsgruppe:	WEISS
Familienstand:	VERHEIRATET
Sterbedatum:	Tag 08 Monat 11 Jahr 1990
Sterbeort:	MODDERSPRUIT
Todesursache:	Gehirnschlag

Ausstellungsdatum

S68243M
(Unterschrift unleserlich)
*Standesbeamter/Stellvertretender
Standesbeamter für Todesfälle*

Stempel: SÜDAFRIKANISCHE POLIZEI
DISTRIKT 29
10.11.1990
ZUSTÄNDIGES REVIER
SABIE

(Rückseite)

Stempel:

> Ich, Nummer W431660M   Rang (unleserlich)
> (Name - vollständig) (unleserlich),
> bescheinige hiermit, daß das vorliegende Dokument eine treue Reproduktion (Kopie) der Originalurkunde ist, die mir von
> (Unterschrift unleserlich),
> Personalausweis Nummer 4307150069107, zur Legalisierung vorgelegt wurde. Ich bescheinige weiterhin, daß nach meinen
> Beobachtungen keine Hinzufügung oder Veränderung bei der Originalurkunde vorgenommen wurde.
> (Unterschrift unleserlich)
> UNTERSCHRIFT
> Name in Druckschrift (unleserlich)
> Eintragsnummer W431660M   Rang (unleserlich)
> Vollständige Geschäftsaddresse (unleserlich)

Stempel: SÜDAFRIKANISCHE POLIZEI
DISTRIKT 28
(unleserlich)
19.08.1991
(unleserlich)

* Anm.: Namen und Zahlen schlecht oder nicht lesbar.

STATE OF FLORIDA
OFFICE of VITAL STATISTICS
CERTIFIED COPY
CERTIFICATE OF DEATH
FLORIDA

1. Decedent's Name	[redacted]
2. Sex	Male
3. Date of Death	December 12, 1992
5a. Age-Last Birthday	68
6. Date of Birth	September 10, 1924
7. Birthplace	Schoeneck, France
8. Was Decedent Ever in US Armed Forces	No
9b. Inside City Limits	Yes
9c. Facility Name	University Hospital
9d. City, Town, or Location of Death	Tamarac
9e. County of Death	Broward
10a. Decedent's Usual Occupation	Maintenance Engineer
10b. Kind of Business/Industry	Air Conditioning & Refrigeration Co.
11. Marital Status	Divorced
13a. Residence - State	Florida
13b. County	Broward
13c. City, Town, or Location	North Lauderdale
13d. Street and Number	8603 S.W. 19th Street
13e. Inside City Limits	Yes
13f. Zip Code	33068
14. Hispanic Origin	No
15. Race	White
16. Decedent's Education	12

19a. Informant's Name	19b. Mailing Address
	508 Bontona Avenue, Ft. Lauderdale, Florida 33301

20a. Method of Disposition	Burial
20b. Place of Disposition	Queen of Heaven Cemetery
20c. Location	North Lauderdale, Florida
21a. Signature of Funeral Service Licensee	Bryan Wagoner
21b. License Number	FE 3522
21c. Name and Address of Facility	Baird-Case Funeral Homes, 4343 North Federal Highway, Fort Lauderdale, Florida 33308
22c. Date Signed	12-14-92
23. Hour of Death	9:52 p.

24. Name and Address of Certifier: Stuart Himmelstein, M.D., 7101 W. McNab Road, Tamarac, Florida

25c. Date Registered: DEC 1 6 1992

PART I — Immediate Cause: Non Small Cell Cancer of RT. Lung

27a. Was an Autopsy Performed: No
28. Case Reported to Medical Examiner: No

THIS IS A CERTIFIED TRUE AND CORRECT COPY OF THE OFFICIAL RECORD ON FILE IN THIS OFFICE.

DEC 1 6 1992

OLIVER H. BOORDE
State Registrar

BY Doris Owens, Chief Deputy Registrar

WARNING: ANY REPRODUCTION OF THIS DOCUMENT IS PROHIBITED BY LAW. DO NOT ACCEPT UNLESS ON SECURITY PAPER WITH LINES AND SECURITY WATERMARK ON BACK AND COLORED BACKGROUND AND GOLD EMBOSSED GREAT SEAL OF THE STATE OF FLORIDA ON FRONT. ALTERATION OR ERASURE VOIDS THIS CERTIFICATION.

5219679

HRS FORM 1564 (7-91)

CERTIFICATION OF VITAL RECORD

BUNDESSTAAT FLORIDA

STANDESAMT

BEGLAUBIGTE ABSCHRIFT

STERBEURKUNDE
FLORIDA

MIT SCHREIBMASCHINE ODER MIT NICHT-LÖSLICHER SCHWARZER TINTE IN DRUCKBUCHSTABEN AUSFÜLLEN

ÖRTLICHE EINTRAGUNGS-Nr.

VERSTORBENER

1. NAME DES VERSTORBENEN
   VORNAME   WEITERE NAMEN   NACHNAME
   ▮   ▮   ▮

2. GESCHLECHT
   männlich

3. DATUM DES TODES (Tag, Monat, Jahr)
   12. Dezember 1992

4. SOZIALVERSICHERUNGSNUMMER
   ▮

5a. ALTER - letzter Geburtstag (Jahre)
    68
5b. UNTER 1 JAHR
    Monate   Tage
    (keine Angaben)
5c. UNTER 1 TAG
    Stunden   Minuten
    (keine Angaben)

6. GEBURTSDATUM (Tag, Monat, Jahr)
   10. September 1924

7. GEBURTSORT (Stadt und Bundesstaat oder Ausland)
   Schoeneck, Frankreich

8. WAR DER VERSTORBENE JEMALS MITGLIED DER STREITKRÄFTE DER VEREINIGTEN STAATEN? (Ja oder Nein)
   Nein

9a. ORT DES TODES (Nur einen überprüfen, siehe Anweisungen auf der Rückseite)

9bde   1619

9b. INNERHALB DER STADTGRENZEN? (Ja oder Nein)
    Ja

KRANKENHAUS   ☐ stationärer Patient
               ☒ ambulanter Patient
               ☐ DOA (Abk. unbekannt)
SONSTIGES   ☐ Pflegeheim
               ☐ Wohnsitz
               ☐ Sonstiges (Bitte erläutern)

9c. NAME DER EINRICHTUNG (Falls keine Institution, bitte Straße und Hausnummer angeben)
    Universitätsklinik

9d. STADT ODER ORTSCHAFT
    Tamarac

9e. VERWALTUNGSBEZIRK
    Broward

10. GEBEN SIE DIE ART DER ARBEIT AN, DIE WÄHREND DES ARBEITSLEBENS AM LÄNGSTEN DURCHGEFÜHRT WURDE; GEBEN SIE NICHT "RENTNER" AN.
10a. BESCHÄFTIGUNG DES VERSTORBENEN
     Wartungsingenieur
10b. ART DES BETRIEBES/INDUSTRIEZWEIG
     Kälte- und Klimatechnikunternehmen

11. FAMILIENSTAND - verheiratet, ledig, verwitwet, geschieden (Bitte angeben)
    Geschieden

12. ÜBERLEBENDER EHEGATTE (Falls Ehefrau, bitte Mädchennamen angeben)
    (keine Eintragung)

13a. WOHNSITZ - BUNDESSTAAT
     Florida

13b. VERWALTUNGSBEZIRK
     Broward

13c. STADT ODER ORTSCHAFT
     North Lauderdale

13d. STRASSE UND HAUSNUMMER
     8603 S.W. 19th Street

204,01

13e. INNERHALB DER STADTGRENZEN? (Ja oder nein)

			Ja	
13f.	POSTLEITZAHL		33068	

14. WAR DER VERSTORBENE HISPANISCHER ODER HAITISCHER HERKUNFT? (Bitte ja oder nein angeben - falls ja, bitte haitisch, kubanisch, mexikanisch, puertorikanisch etc. angeben)
Bitte angeben: x nein   ☐ ja

15. RASSE (amerikanischer Indianer, schwarz, weiß etc.)
Bitte angeben:
weiß

16. AUSBILDUNG DES VERSTORBENEN
(Bitte den höchsten Ausbildungsgrad angeben)

Grundschule/Höhere Schule   College (1-4 oder 5+)
(0-12)   12

ELTERN

17. NAME DES VATERS (Vorname, weitere Namen, Nachname)
████████████

18. NAME DER MUTTER (Vorname, weitere Namen, Mädchenname)
████████████

19a. NAME DER ANZEIGENDEN PERSON (Getippt/in Druckbuchstaben)
████████████

19b. POSTANSCHRIFT (Straße und Hausnummer oder Wegenummer, Stadt, Bundesstaat, Postleitzahl)
508 Bontona Avenue, Ft. Lauderdale, Florida 33301

Teil I

BEISETZUNG

20a. FORM DER BEISETZUNG
x Beerdigung   ☐ Einäscherung   ☐ Überführung
☐ Spende   ☐ Sonstiges (Bitte erläutern)

20b. ORT DER BEISETZUNG (Name des Friedhofs, Krematoriums oder sonstiger Ort)
Queen of Heaven Friedhof

20c. ORTSCHAFT - Stadt, Bundesstaat
North Lauderdale, Florida

21a. UNTERSCHRIFT DES BEVOLLMÄCHTIGTEN DES BEERDIGUNGSINSTITUTS ODER PERSON, DIE ALS SOLCHER HANDELT
(Unterschrift unleserlich)

21b. ERMÄCHTIGUNGSNUMMER (des Bevollmächtigten)
FE 3522

21c. NAME UND ADRESSE DER EINRICHTUNG
Baird-Case Funeral Homes
4343 North Federal Highway
Fort Lauderdale, Florida 33308

AUSSTELLER DES TOTENSCHEINS

Nur vom BESCHEINIGENDEN ARZT auszufüllen

22a. Nach meinem besten Wissen und Gewissen trat der Tod am oben angegebenen Datum und Ort und aus dem genannten Grund (den genannten Gründen) ein.
(Unterschrift und Titel)
(Unterschrift unleserlich), Dr. med.

22b. DATUM DER UNTERZEICHNUNG (Tag, Monat, Jahr)
14.12.92

22c. ZEITPUNKT DES TODES
21:52

22d. NAME DES ANWESENDEN ARZTES, FALLS NICHT AUSSTELLER DES TOTENSCHEINS (getippt oder in Druckbuchstaben)
(keine Angaben)

Vom ÄRZTLICHEN LEICHENBESCHAUER auszufüllen

23a. Auf der Grundlage der Untersuchung und/oder Nachforschungen trat der Tod meiner Meinung nach zu dem Zeitpunkt, an dem Datum und Ort, aus dem Grund (den Gründen) und in der Weise ein, wie hier angegeben.
(Unterschrift und Titel)
(keine Angaben)

23b. DATUM DER UNTERZEICHNUNG (Tag, Monat, Jahr)
(keine Angaben)

23c. ZEITPUNKT DES TODES
(keine Angaben)

23d. FÜR TOT ERKLÄRT (Tag, Monat, Jahr)
(keine Angaben)

23e. FÜR TOT ERKLÄRT (Zeitpunkt)
(keine Angaben)

24. NAME UND ADRESSE DES AUSSTELLERS DES TOTENSCHEINS
Stuart Himmelstein, Dr. med., 7101 W. McNab Road, Tamarac, Florida

25a. UNTERSTANDESBEAMTER - UNTERSCHRIFT UND DATUM
(Unterschrift unleserlich) 14.12.92

25b.	ÖRTLICHER STANDESBEAMTER - UNTERSCHRIFT
	(Unterschrift unleserlich)
25c.	DATUM DER EINTRAGUNG
	16. Dezember 1992

Teil II

TODESURSACHE GEMÄSS AUSSTELLER DES TOTENSCHEINS

26. TEIL I. Bitte geben Sie die Krankheiten, Verletzungen oder Komplikationen, die den Tod herbeiführten, an. Geben Sie nicht nur die Art des Todes, wie Herz- oder Atemstillstand, Schlaganfall oder Herzversagen, an. Tragen Sie nur eine Todesursache pro Zeile ein.

UNMITTELBARE URSACHE (Tödliche Krankheit oder Zustand, die/der zum Tod führte)
    a   Nicht kleinzelliger Krebs am rechten Lungenflügel
                                WEGEN (ODER INFOLGE VON)

Listen Sie der Reihe nach Zustände auf, die zur unmittelbaren Ursache führten. Geben Sie die SEKUNDÄRE URSACHE (Krankheit oder Verletzung, die Vorfälle auslöste, die zum Tod führten) ZULETZT an.
    b - d   *(keine Angaben)*

Ungefährer zeitlicher Abstand zwischen Auftreten der Ursache und Eintreten des Todes
                (keine Angaben)

TEIL II. <u>Sonstige wichtige Gesundheitszustände</u>, die zum Tod beitrugen, jedoch nicht zur sekundären Todesursache (wie in Teil I angegeben) führten.
                (keine Angaben)

27a.	WURDE EINE AUTOPSIE DURCHGEFÜHRT? (Ja oder nein)		
	Nein		
27b.	WURDEN DIE ERGEBNISSE DER AUTOPSIE VERWENDET, UM DIE TODESURSACHE ZU BESCHREIBEN? (Ja oder nein)		
	(keine Angaben)		
28.	WURDE DER FALL DEM ÄRZLICHEN LEICHENBESCHAUER MITGETEILT? (Ja oder nein)		
	Nein		
29.	FALLS WEIBLICH: GAB ES IN DEN LETZTEN 3 MONATEN EINE SCHWANGERSCHAFT?	☐ Ja	☐ Nein
30a.	FALLS IN TEIL I ODER II OPERATION ANGEGEBEN IST, GEBEN SIE DEN GRUND FÜR DIE OPERATION AN		
	(keine Angaben)		
30b.	DATUM DER OPERATION (Tag, Monat, Jahr)		
	(keine Angaben)		
31.	MÖGLICHE TODESART (Bitte angeben): natürlich, Unfall, Selbstmord, Mord oder unbekannt.		
	(keine Angaben)		
32a.	DATUM DER VERLETZUNG (Tag, Monat, Jahr)		
	(keine Angaben)		
32b.	ZEITPUNKT DER VERLETZUNG		
	(keine Angaben)		
32c.	ARBEITSUNFALL? (Ja oder nein)		
	(keine Angaben)		
32d.	BESCHREIBEN SIE, WIE DIE VERLETZUNG ERLITTEN WURDE		
	(keine Angaben)		
32e.	ORT DER VERLETZUNG - zu Hause, Bauernhof, Straße, Fabrik etc. (Bitte angeben)		
	(keine Angaben)		
32f.	ORTSCHAFT (Straße und Hausnummer oder Wegenummer, Stadt, Bundesstaat)		
	(keine Angaben)		

HRS-Vordruck 512.
Juli 1990 (Ersetzt frühere Version)

ES HANDELT SICH UM EINE BEGLAUBIGTE TREUE UND KORREKTE ABSCHRIFT DER AMTLICHEN EINTRAGUNG, DIE IN DIESEM BÜRO ARCHIVIERT IST.

Stempel: 16. Dezember 1992

                                OLIVER H. BOORDE
                                Einzelstaatlicher Standesbeamter

IM AUFTRAG
                (Unterschrift unleserlich)

ACHTUNG:	JEDE REPRODUKTION DIESER URKUNDE IST GESETZLICH VERBOTEN. AKZEPTIEREN SIE DIESES DOKUMENT NUR, WENN ES AUF SICHERHEITSPAPIER GEDRUCKT IST, MIT LINIEN UND WASSERZEICHEN AUF DER RÜCKSEITE, FARBIGEM HINTERGRUND
52129679	UND DEM IN GOLD GEPRÄGTEN GROSSEN SIEGEL DES BUNDESSTAATES FLORIDA AUF DER VORDERSEITE. ÄNDERUNGEN ODER RADIERUNGEN MACHEN DIESE BESCHEINIGUNG UNGÜLTIG.

Siegel:
GROSSES SIEGEL DES   HRS
BUNDESSTAATES FLORIDA   MINISTERIUM FÜR GESUNDHEIT
WIR VERTRAUEN AUF GOTT   UND REHABILITATIONSDIENSTE

                                              HRS-VORDRUCK 1564 (7-91)
                 BESCHEINIGUNG EINER STANDESAMTLICHEN EINTRAGUNG

Bad Bergzabern, den 27. Juli 1993

Die Krankenschwester ▬▬▬▬▬▬▬ evangelisch -/-

wohnhaft in Rumbach, Ortsstr. 62, -/-

ist am 26. Juli 1993 -/- um 14 Uhr 25 Minuten

in Bad Bergzabern, Danziger Str. 25, -/-

verstorben.

Die Verstorbene war geboren am 09. Juli 1920 -/-

in Rumbach. -/-

Die Verstorbene war nicht verheiratet. -/-

Eingetragen auf ~~mündliche~~ schriftliche - Anzeige des Kreiskrankenhauses in Bad Bergzabern. -/-

~~persönlich bekannt – ausgewiesen durch~~

~~Vorgelesen, genehmigt und unterschrieben~~

Der Standesbeamte

Stenzel

Ablichtung aus dem Sterbebuch (Sterberegister) des Standesamts
Bad Bergzabern -/-

Die Übereinstimmung mit dem Eintrag wird hiermit beglaubigt. Die Ablichtung enthält
- keinen - .... -/- .... Randvermerk(e); die Bezeichnung des Sterbeortes
ist - nicht - .... -/- .... geändert worden.

Bad Bergzabern, den 22. DEZ. 1993

(Siegel)

Der Standesbeamte

Stenzel (Stenzel)

No. 241   C

                    Bad Bergzabern , 27 July 1993

            The nurse ███████████ Protestant -/-

resident at   Rumbach, Ortsstr. 62, -/-

died on   26 July 1993 -/-   at 2:25 p.m.
   in   Bad Bergzabern, Danziger Str. 25. -/-

         The deceased was born on 9 July 1920 -/-
   in   Rumbach. -/-

         The deceased was not married. -/-

Registered   upon ~~oral~~ - written - notification of Bad Bergzabern district hospital. -/-

         ~~personally known - identified by~~

                                  ~~Read aloud, approved and signed~~

                                  The Registrar
                                  [signed:] Stenzel

Copy from the register of deaths of Bad Bergzabern Registry office. -/-
Conformity of the copy with the entry is hereby attested. The copy features -
no - -/- marginal note(s); the designation of the place of death has - not -
been changed ~~to~~ -/- .
           Bad Bergzabern , [stamp:] 22 December 1993

                    The Registrar
(Seal)   [signed:] Stenzel (Stenzel)

[Seal:]   The Registrar of Bad Bergzabern

[Stamp:] Fees: DM 7.00
        Fee register No. ÜW/XII/93